Wolfgang Büttner

Die Menschenrechte im *Comité sur les principes philosophiques des droits de l'homme* der Unesco (1947/48)

Wolfgang Büttner

DIE MENSCHENRECHTE IM COMITÉ SUR LES PRINCIPES PHILOSOPHIQUES DES DROITS DE L'HOMME DER UNESCO (1947/48)

ibidem-Verlag
Stuttgart

Bibliografische Information Der Deutschen Bibliothek

Die Deutsche Bibliothek verzeichnet diese Publikation in der Deutschen Nationalbibliografie; detaillierte bibliografische Daten sind im Internet über <http://dnb.ddb.de> abrufbar.

∞

Gedruckt auf alterungsbeständigem, säurefreien Papier
Printed on acid-free paper

ISBN: 3-89821-411-7

Printed in Germany

Inhalt

1. Einleitung

Im Juni 1947 traf sich in Paris erstmals eine Gruppe von Wissenschaftlern und Intellektuellen, um über die philosophische Begründung der Menschenrechte zu diskutieren. Auf Initiative der Unesco sollte dieses *Comité sur les principes philosophiques des droits de l'homme* unmittelbar nach dem Zweiten Weltkrieg einen Beitrag dazu leisten, eine weltweite Debatte über die Menschenrechte anzustoßen und eine internationale Menschenrechtsdeklaration zu verfassen. Zwei weitere Treffen folgten im September 1947 und im Juli 1948. Die Ursprünge des Komitees liegen im Jahre 1946, als die *Preparatory Commission* der Unesco eine Untersuchung über die philosophische Begründung der Menschenrechte beschloss, und dessen Arbeit war spätestens 1952 beendet, als die italienische Übersetzung seiner Veröffentlichung vorlag. Die vorliegende Studie rekonstruiert die Entstehung, Arbeit und Wirkung des Komitees. Dabei werden einerseits die Faktoren erarbeitet, die auf das Komitee einwirkten und die Diskussion der Menschenrechte beeinflussten; andererseits soll die Rückwirkung des Komitees auf diese Faktoren sichtbar gemacht werden.

Die Untersuchung beruht auf Korrespondenzakten der Unesco, die bisher noch nicht systematisch bearbeitet wurden. Indem die vorliegende Untersuchung diese Lücke aufgreift, sollen die Geschichte der Unesco in der unmittelbaren Nachkriegszeit und ihre damalige Arbeit im Politikfeld Menschenrechte deutlicher werden. Auch konzentrierten sich bisherige Arbeiten über die Menschenrechte in der Nachkriegszeit darauf, die Entstehung der Allgemeinen Erklärung der Menschenrechte der Vereinten Nationen (AEMR) zu erörtern und den Einfluss von Nichtregierungsorganisationen auf diesen Prozess zu erarbeiten. Dass aber neben Nichtregierungsorganisationen auch eine internationale Regierungsorganisation mit der Menschenrechtskommission der Vereinten Nationen zusammenarbeitete, macht das Wirken des Komitees deutlich.[1] Schließlich sollen die vielfältigen Wechselwirkungen zwi-

1 Vgl. J. H. Burgers, The Road to San Francisco. The Revival of the Human Rights Idea in the 20th Century, in: HRQ 14 (1992), S. 447-477; Klaus Dicke, „...das von allen Völkern und Nationen zu erreichende gemeinsame Ideal...". Zum Politikprogramm der Allgemeinen Erklärung, in: Vereinte Nationen 46 (1998) 6, S. 191-194; Glen M. Johnson, A Magna Charta for Mankind: Writing the Universal Declaration of Human Rights, in: M.

schen dem Komitee, der Unesco, den Vereinten Nationen, nationalen Regierungen und der internationalen Öffentlichkeit[2] skizziert werden. Dabei soll deutlich werden, dass die Idee der Menschenrechte nicht linear in eine internationale Regierungsorganisation eingebracht wurde, dort diskutiert wurde und dann die erwünschte Wirkung erzielte. Vielmehr zeigt die Untersuchung, dass die Entstehung des Komitees von unterschiedlichen Quellen beeinflusst wurde, dass die Idee der Menschenrechte vielfältig diskutiert wurde und dass die Arbeit des Komitees inhaltliche und organisatorische, beabsichtigte und unbeabsichtigte Folgen hatte.

Die Untersuchung basiert auf Dokumenten des Sekretariats der Unesco, den Korrespondenzakten des *Comité sur les principes philosophiques des droits de l'homme* und weiteren Akten über die Arbeit des Komitees; sie beruht auf Resolutionen, Dokumenten und Diskussionen der *Preparatory Commission* der Unesco und ihrer Generalkonferenzen; schließlich stützt sie sich auf Dokumente des Unesco-Exekutivkomitees. Alle Quellen können im Archiv der Unesco in Paris eingesehen werden, ausgewählte Dokumente finden sind auch im Internet.[3]

Die Forschungsliteratur über das *Comité sur les principes philosophiques des droits de l'homme* beschränkt sich meist darauf, die Arbeit des Komitees kurz zu erwähnen, ohne jedoch seine Geschichte ausführlich zu dokumentieren.[4] Dabei finden sich unterschiedliche Positionen darüber, wie das

---

Glen Johnson und Janusz Symonides (Hrsg.), The Universal Declaration of Human Rights. A History of its Creation and Implementation 1948-1998, Paris 1998, S. 19-75; William Korey, NGO's and the Universal Declaration of Human Rights, New York 2001; Johannes Morsink, The Philosophy of the Universal Declaration, in: HRQ 6 (1984), S. 309-334; ders., World War Two and the Universal Declaration, in: HRQ 15 (1993), S. 357-405; ders., The Universal Declaration of Human Rights. Origins, Drafting and Intent, Pennsylvania 1999; Åshild Samnøy, Human Rights as International Consensus. The Making of the Universal Declaration of Human Rights. 1945-1948, Bergen 1993.

2 Der Begriff „Öffentlichkeit" bezeichnet nachfolgend die an der Erörterung von politischen Angelegenheiten und politischen Entscheidungen beteiligten Nichtregierungsorganisationen und Einzelpersonen (Vgl. Manfred G. Schmidt, Wörterbuch zur Politik, Stuttgart 1995, S. 672).

3 Die Internet-Adressen der entsprechenden Dokumente finden sich im Quellenverzeichnis.

4 Vgl. Burgers, The Road to San Francisco, S. 462; A. P. d'Entrèves, Natural Law. An Introduction to Legal Philosophy, London 1970[2], S. 109; Jan Opocensky, The Beginnings of UNESCO. 1942-1948. Band 1, Paris 1949/50, S. 149; Janusz Symonides und Vladimir Volodin, Introduction, in: UNESCO and Human Rights. Standard Setting Instru-

Komitee entstand und ob seine Arbeit zwischen den Vereinten Nationen und der Unesco abgestimmt war. Symonides hebt hervor, dass die UN-Menschenrechtskommission die Umfrage zur philosophischen Begründung der Menschenrechte initiiert habe, auf deren Grundlage das Komitee arbeitete. Lindholm spricht wie Verdoodt von einer engen Abstimmung zwischen den Vereinten Nationen und der Unesco, was auch im UN-Jahrbuch von 1946/47 bestätigt wird. Andererseits betont Partsch, dass das Projekt auf Initiative des Generaldirektors der Unesco begonnen worden sei. Morsink bestätigt diese Position indirekt, wenn er der UN-Menschenrechtskommission geringes Interesse an der Arbeit des Komitees bescheinigt.[5]

Auch die philosophische Diskussion der Menschenrechte im Komitee wird unterschiedlich beurteilt. Während Kühnhardt von einem „stereotypen Disput zwischen den diversen Menschenrechtsauffassungen"[6] spricht, hebt Lindholm hervor, dass es dem Komitee gelungen sei, in einer heterogenen theoretischen Meinungsvielfalt einen praktischen Konsens zu erreichen.[7] Schließlich unterscheiden sich die Forschungspositionen, wenn die Wirkung des Komitees erörtert wird. Morsink spricht dem Komitee jegliche Wirkung auf die UN-Menschenrechtskommission ab, da philosophische Begründungen für die Kommission bedeutungslos gewesen seien. Lindholm widerspricht dieser Position. Die Wirkung auf die UN-Menschenrechtskommission sei zwar schwer einzuschätzen, doch einige Mitglieder der Kommission hätten in Vorträgen auf die Arbeit des Komitees verwiesen, und auch der praktische Konsens, der die Allgemeine Erklärung der Menschenrechte erst möglich gemacht habe, spreche für den Einfluss des Komitees der Unesco. Samnøy

---

ments - Major Meetings - Publications, Paris 1999², S. XIII; Christian Tomuschat, Die Vereinten Nationen und die Menschenrechte, in: APuZ B49/88 (2.12.1988), S. 15.

5 Tore Lindholm, Article 1, in: Asbjørn Eide (Hg.), The Universal Declaration of Human Rights: A Commentary, Oslo 1993², S. 37; Morsink (1999), S. 301f; Karl Josef Partsch, Hoffen auf Menschenrechte. Rückbesinnung auf eine internationale Entwicklung, Zürich 1994, S. 32; Janusz Symonides, UNESCO and the Universal Declaration of Human Rights, in: Glen M. Johnson und Janusz Symonides, The Universal Declaration of Human Rights. A History of its Creation and Implementation. 1948-1998, Paris 1998, S. 77; Albert Verdoodt, Naissance et signification de la Déclaration Universelle des Droits de l'Homme, Paris 1964, S. 62f; Yearbook of the United Nations 1946-1947, New York 1947, S. 709.

6 Ludger Kühnhardt, Die allgemeine Erklärung der Menschenrechte vom 10. Dezember 1948, in: APuZ B49 (1988), S. 9f.

7 Lindholm, Article 1, S. 37.

hingegen differenziert: „In spite of the Commission's rejection of the report, the UN members chose the strategy recommended by the report."[8]

In der folgenden Untersuchung greife ich diese Positionen auf, ordne sie in die Arbeit des Komitees ein und versuche, Widersprüche aufzulösen. Nach einem kurzen historischen Rückblick auf die Bedeutung des Menschenrechtsschutzes während des Zweiten Weltkriegs und in der unmittelbaren Nachkriegszeit erarbeite ich die Entstehungsgeschichte des Komitees (2.). Wer beschloss, dass die Unesco einen Beitrag zur philosophischen Begründung der Menschenrechte leisten sollte? Wie wurde dieses Ziel realisiert? In welcher Beziehung stand dabei die Unesco zu den Vereinten Nationen, deren Menschenrechtskommission zur gleichen Zeit über eine internationale Menschenrechtsdeklaration diskutierte? In den Jahren 1947 und 1948 traf sich das Komitee dreimal, legte einen Bericht über die Grundlagen einer internationalen Erklärung der Menschenrechte vor und entschied über die Veröffentlichung seiner Arbeit. Von welchen Faktoren das Komitee beeinflusst wurde und welche Entscheidungen es traf, dies wird im dritten Kapitel dargestellt. Das vierte Kapitel untersucht die Wirkung des Komitees innerhalb der Unesco, auf die Vereinten Nationen und auf die internationale Gemeinschaft. Eine Zusammenfassung schließt die Arbeit ab (5.).

Wie manifestierte sich die Idee der Menschenrechte im *Comité sur les principes philosophiques des droits de l'homme*? Meine These lautet: Die internationale Öffentlichkeit, nationale Regierungen, die Vereinten Nationen und die Unesco initiierten und modulierten die Diskussion der Menschenrechte im Komitee. Das Komitee beeinflusste über die Diskussion der Menschenrechte die Unesco, die Vereinten Nationen, nationale Regierungen und die internationale Öffentlichkeit.

Vor welchem historischen Hintergrund agierte das *Comité sur les principes philosophiques des droits de l'homme*? Wie entwickelte sich die Renaissance der Menschenrechte in der Nachkriegszeit? Die Erfahrung des Zweiten Weltkriegs und die Politik des Nationalsozialismus förderten die Idee des internationalen Menschenrechtsschutzes und relativierten das Prinzip staatlicher Souveränität. In der internationalen Gemeinschaft entstand das Be-

---

[8] Ebd., S. 38; Morsink, The Universal Declaration, S. 302; Samnøy, Human Rights, S. 99.

wusstsein, dass Menschenrechtsverletzungen innerhalb eines Landes nicht nur zu innerstaatlichen, sondern auch zu internationalen Konflikten führten. Kriege könnten vermieden werden, wenn die Menschenrechte international geschützt würden.[9] Zwei Akteure der internationalen Gemeinschaft, die sich gegenseitig beeinflussten, prägten diese Entwicklung: die internationale Öffentlichkeit und die US-amerikanische Regierung unter Franklin D. Roosevelt. Sie forderten, den Schutz der Menschenrechte im Rahmen internationaler Regierungsorganisationen zu verankern und zu gewährleisten.

Der Ausbruch des Zweiten Weltkriegs zog eine Reihe von Menschenrechtsdeklarationen der internationalen Öffentlichkeit nach sich, von Einzelpersonen und von Nichtregierungsorganisationen. Aus der Fülle der Erklärungen waren drei von besonderer Bedeutung.[10] Herbert George Wells forderte in einem Brief vom 23. Oktober 1939 an die Zeitung *The Times*, dass mit Beginn des Krieges auch dessen Ziele diskutiert werden müssten. Eine Menschenrechtsdeklaration, die sich an der historischen Entwicklung westlicher Demokratien orientiere, könne eine Lösung bieten: „At various crisis in the history of our communities, beginning with the Magna Carta and going through various Bill of Rights, Declarations of the Rights of Man and so forth, it has been our custom to produce a specific declaration of the broad principles on which our public and social life is based. [...] In conjunction with a few friends I have drafted a trial statement of the rights of man brought up to date. I think this statement may serve to put the War Aims discussion upon a new and more hopeful footing."[11] Nicht nur der US-amerikanische Präsident Roosevelt kommentierte im November 1939 Wells' Entwurf. Angeregt durch Wells' Initiative konstituierte sich eine Arbeitsgruppe, die im Februar 1940 eine Menschenrechtserklärung im *Daily Herald* veröffentlichte. Diese Deklaration wurde als *Sankey Declaration* bekannt, benannt nach Lord Sankey, dem Vorsitzenden der Gruppe und Präsidenten des *House of Lords*. Übersetzungen der Deklaration und Wells' 1940 veröffentlichtes Buch *The Rights of Man,*

---

9 Johnson, Magna Charta, S. 26f; Morsink, World War Two, S. 357-405; Peter J. Opitz, Menschenrechte und internationaler Menschenrechtsschutz im 20. Jahrhundert, München 2002, S. 15; Tomuschat, Die Vereinten Nationen, S. 14f.

10 Eine Übersicht über die verschiedenen Deklarationen findet sich bei Burgers, S. 471ff; Opitz, S. 45; Verdoodt, S. 41f.

11 Herbert George Wells, War aims - the need for limited candor, in: The Times, 23. Oktober 1939.

or What we are Fighting for begleiteten die Kampagne, die schließlich noch 1947 das *Comité sur les principes philosophiques des droits de l'homme* der Unesco erreichen sollte. Dem Komitee wurde von Marjorie Wells, der Ehefrau des Schriftstellers, eine Kopie der *Sankey Declaration* zugesandt.[12]

Das *American Law Institute* arbeitete seit 1942 an einem Projekt, um eine internationale Menschenrechtserklärung zu verfassen. Nachdem verschiedene nationale Verfassungen auf ihre menschenrechtlichen Bestimmungen hin untersucht worden waren, organisierte das Institut eine internationale Konferenz mit Gelehrten und Politikern, an der auch der Außenminister Panamas Alfredo Alfrao teilnahm. Die Ergebnisse wurden im Februar 1944 als *Statement of Essential Human Rights* veröffentlicht. Indem diese Deklaration auf Initiative Panamas auf der Gründungskonferenz der Vereinten Nationen in San Francisco 1945 diskutiert wurde, indem John Humphrey, Leiter des Sekretariats für Menschenrechte bei den Vereinten Nationen, sie als Quelle für seinen Entwurf einer Menschenrechtserklärung verwendete, beeinflusste sie die internationale Menschenrechtspolitik der Nachkriegszeit.[13]

Das *American Jewish Committee* versuchte, die US-amerikanischen Delegierten auf der Konferenz von San Francisco zu überzeugen, dass die Menschenrechte in der UN-Charta einen zentralen Platz erhalten müssten. Die Verbrechen des Nationalsozialismus hatten das Komitee bereits 1944 dazu veranlasst, sich für den internationalen Schutz der Menschenrechte zu engagieren, sei es, dass Hersch Lauterpachts Veröffentlichung *The International Bill of Rights* unterstützt wurde oder dass man Unterschriften für eine internationale Menschenrechtserklärung sammelte. Schließlich forderte das

---

[12] Neben Lord Sankey waren in der Arbeitsgruppe folgende Persönlichkeiten vertreten: Ritchie Calder, Wissenschaftskorrespondent des *Daily Herald*; Sir Norman Agnell, Friedensnobelpreisträger von 1933; die Labour Politikerin Margaret Bondfield; Sir Richard Gregory, Herausgeber der Zeitschrift *Nature*; Lord Horder; Lord Lytton, Vorsitzender der Konservativen Partei; Sir John Ort, nach dem Krieg Generaldirektor der *Food and Agriculture Organisation*; H. G. Wells. Vgl. Burgers, The Road to San Francisco, S. 464ff; Opitz, S. 39f; UNESCO/342.7 (100): 1 A 02/I, Comité sur les principes philosophiques des droits de l'homme. Part I up to 31 May 1947, 1947, Wells an Huxley (1.04.1947), S. 87(Dokument)/81(PDF-Datei). [Die Seitenangaben der Korrespondenzakten des Komitees beziehen sich auf die Nummerierung der Originaldokumente und auf die Seiten der PDF-Datei im Internet.]

[13] Burgers, The Road to San Francisco, S. 473; Johnson, Magna Charta, S. 25 und 30; Opitz, Menschenrechte, S. 45.

Komitee die US-Regierung auf, in Erinnerung an die Opfer des Nationalsozialismus den Menschenrechtsschutz in der Charta der Vereinten Nationen zu verankern.[14]

All die Privatpersonen und Nichtregierungsorganisationen, die sich für eine internationale Menschenrechtsdeklaration engagierten, konnten dabei auf eine Tradition der Zwischenkriegszeit zurückgreifen. André Mandelstam, der seit 1917 als russischer Emigrant in Paris lebte, regte 1921 die Gründung einer Kommission an, die sich mit internationalem Menschenrechtsschutz beschäftigte; Antoine Frangulis, der seit 1922 nach seiner Emigration aus Griechenland in Paris wohnte, gründete 1926 die *Académie Diplomatique Internationale*. Dabei entstand eine Kommission mit Mandelstam und Frangulis als Mitgliedern, die 1928 eine Resolution zum internationalen Menschenrechtsschutz erarbeitete. Einen ähnlichen Textentwurf legte Mandelstam dem *Institut de Droit International* vor, der heute als zentrales Dokument auf dem Weg zum internationalen Menschenrechtsschutz gilt.[15]

Neben Privatpersonen und Nichtregierungsorganisationen förderten nationale Regierungen, insbesondere die US-amerikanische Regierung unter der Präsidentschaft Roosevelts, den internationalen Menschenrechtsschutz. Für Roosevelt war der Zweite Weltkrieg ein Krieg für die Menschenrechte. Am 6. Januar 1941 skizzierte er in der *State of the Union Address*, wie eine zukünftige Weltordnung gestaltet werden könne: „In the future days, which we seek to make secure, we look forward to a world founded upon four essential human freedoms. The first is freedom of speech and expression - everywhere in the world. The second is freedom of every person to worship God in his own way - everywhere in the world. The third is freedom from want - which translated into world terms, means economic understandings which will secure to every nation a healthy peacetime life for its inhabitants - everywhere in the world. The fourth is freedom from fear - which, translated into world terms, means a world-wide reduction of armaments to such point and in such

---

[14] Korey, NGO's, S. 34ff.
[15] Burgers, The Road to San Francisco, S. 450ff; Opitz, Menschenrechte, S. 33ff.

a thorough fashion that no nation will be in the position to commit an act of physical aggression against any neighbor - anywhere in the world."[16]

Am 14. August 1941 bekräftigten Roosevelt und der britische Premierminister Winston Churchill in der *Atlantic Charta*, dass eine neue Weltordnung auf einem erweiterten Menschenrechtsverständnis gegründet werden müsse. Die Erklärung der Vereinten Nationen, die am 1. Januar 1942 von 26 Staaten unterzeichnet wurde, führte diesen Gedanken fort. Gedrängt und gestärkt wurde Roosevelt von US-amerikanischen Nichtregierungsorganisationen. So empfing er am 21. März 1945 die Vertreter des *American Jewish Committee* und forderte sie auf, sich an der Gründungskonferenz der Vereinten Nationen in San Francisco aktiv zu beteiligen, „to get these human rights provisions into the Charter so that unspeakable crimes like those by the Nazis will never again be countenanced by world society."[17]

Die US-Administration konnte auf eine politische Tradition zurückgreifen, als sie sich für den internationalen Menschenrechtsschutz einsetzte. In seinen 14 Punkten hatte der US-amerikanische Präsident Woodrow Wilsons am 8. Januar 1918 für das freie Selbstbestimmungsrecht der Völker plädiert und während der Verhandlungen der Völkerbundsatzung vorgeschlagen, Religionsfreiheit und Schutz vor religiöser Diskriminierung darin zu verankern.[18] Doch nicht nur die Regierung der Vereinigten Staaten förderte den internationalen Menschenrechtsschutz in der Zwischenkriegszeit. So brachte 1933 die Delegation Haitis, der auch Frangulis angehörte, beim Völkerbund einen Antrag in die Generalversammlung ein, in dem eine internationale Kovention zum Schutz der Menschenrechte gefordert wurde.[19]

Die US-amerikanische Regierung unter Roosevelt konnte auf diese Initiativen zurückgreifen, und es gelang ihr seit 1942, die Menschenrechte zu

---

16 Opitz, Menschenrechte, S. 40f. Vgl. M. Glen Johnson, The Contributions of Eleanor and Franklin Roosevelt to the Development of International Protection for Human Rights, in: HRQ 9 (1987), S. 20ff.

17 Jacob Blaustein Institute for the Advancement of Human Rights, To Reaffirm Faith in Fundamental Human Rights 1945-1995, New York 1995, S. 5. Vgl. Korey, NGO's, S. 35.

18 Opitz, Menschenrechte, S. 20 und 27ff; Imre Szabo, Historical Foundations of Human Rights and Subsequent Developments, in: Philip Alston und Karel Vasak (Hrsg.), The International Dimension of Human Rights. Band 1, Paris 1982, S. 21; Verdoodt, Naissance, S. 36.

19 Burgers, The Road to San Francisco, S. 457ff.

einem zentralen Bestandteil im Kampf gegen den Nationalsozialismus zu machen. Friede ohne gesicherte Menschenrechte war nur mehr schwer denkbar. Gleichzeitig war auch der Menschenrechtsbegriff erweitert worden, so dass ihn nicht mehr nur die liberalen Freiheitsrechte, sondern auch wirtschaftliche und soziale Rechte prägten.[20]

Die Vereinten Nationen und ihre Sonderorganisationen sollten den internationalen Menschenrechtsschutz gewährleisten, was auf der Konferenz von Dumbarton Oaks im September 1944 festgeschrieben wurde. Doch Menschenrechtsschutz wurde weiterhin als innere Angelegenheit der Staaten betrachtet.[21]

Dass diese Initiative auf der Konferenz von San Francisco aufgegriffen wurde und die Menschenrechte schließlich einen zentralen Platz in der Charta der Vereinten Nationen erhielten, beruhte auf zwei Akteuren. Verschiedene lateinamerikanische Staaten hatten bereits auf der *Interamerican Conference on Problems of War and Peace*, die vom 21. Februar bis 8. März in Mexiko stattgefunden hatte, eine internationale Menschenrechtserklärung gefordert. Vom *American Law Institute* beeinflusst, drängte Panama auf eine Deklaration. Andere Vorschläge für einen internationalen Menschenrechtsschutz kamen von den Delegationen Brasiliens, Chiles, der Dominikanischen Republik, Mexikos und Uruguays.[22] Daneben forderten US-amerikanische Nichtregierungsorganisationen, die die Delegation der Vereinigten Staaten berieten, eine internationale Menschenrechtserklärung und eine Kommission für Menschenrechte in der UN-Charta zu verankern. Obwohl sie nicht direkt an den Verhandlungen teilnahmen, beeinflussten sie die US-amerikanische Delegation und somit die Debatten und Gespräche der Gründungskonferenz der Vereinten Nationen.[23]

War es die Kenntnis über die grauenhaften Menschenrechtsverletzungen, deren sich das Dritte Reich schuldig gemacht hatte, die die Befürworter eines internationalen Menschenrechtsschutzes bewegte? Oder war es die grundsätzliche „Erfahrung verfolgter Minderheiten, rassischer Diskriminierung

---

[20] Opitz, Menschenrechte, S. 40ff; Samnøy, Human Rights, S. 11f.

[21] Robert C. Hildebrand, Dumbarton Oaks: The Origins of the United Nations and the Search for Post-War Security, Chapel Hill 1990, S. 92; Opitz, Menschenrechte, S. 47ff.

[22] Johnson, Magna Charta, S. 25f; Morsink, The Universal Declaration, S. 130ff; Opitz, Menschenrechte, S. 49f; Samnøy, Human Rights, S. 15ff.

und kolonialer Unterdrückung, die eine stärkere Berücksichtigung des Menschenrechtsschutzes in der UN-Charta bewirkte"[24], wie Opitz behauptet? Minderheiten zu diskriminieren und zu verfolgen, war ein zentraler Bestandteil der nationalsozialistischen Politik, so dass sich die Menschenrechtsverletzungen des Nationalsozialismus nicht davon trennen lassen. Ebenso stellt die zentrale Rolle des *American Jewish Committee* auf der Konferenz von San Francisco und weiterer jüdischer Organisationen, darunter *American Jewish Conference*, *Board of Deputies of British Jews*, *Synagogue Council of America* und *World Jewish Congress*, Opitz' Argumentation in Frage. Die Programme all dieser Organisationen waren von den Verbrechen des Nationalsozialismus gezeichnet. Deshalb war die Politik des Nationalsozialismus ein bedeutender Grund, weshalb der internationale Menschenrechtsschutz in der UN-Charta verankert wurde.[25]

Die Delegationen in San Francisco konnten auf Erfahrungen der Zwischenkriegszeit zurückgreifen, wie Menschenrechte mittels internationaler Regierungsorganisationen geschützt werden können. Zwar wurden in der Satzung des Völkerbundes die Menschenrechte nicht explizit erwähnt, doch gab es bereits Vereinbarungen, um sie zu sichern. Bereits 1921 wurden mit dem Hochkommissar für Flüchtlinge erste Grundlagen für ein humanitäres Flüchtlingsrecht gelegt. Die Minderheitenklauseln in den Friedensverträgen mit Österreich, Bulgarien, Ungarn und der Türkei sowie verschiedene Schutzverträge und -erklärungen, die vom Völkerbundsrat überwacht wurden, sollten Minderheiten vor Verfolgung und Vertreibung schützen. Schließlich sollte die Internationale Arbeitsorganisation, 1919 im Rahmen der Friedensverträge als autonome Organisation gegründet, internationalen Arbeitsschutz gewährleisten.[26]

Aufbauend auf diese Tradition, doch geprägt vom Scheitern des Menschenrechtsschutzes im Zweiten Weltkrieg und den Verbrechen des Nationalsozialismus, wurden die Menschenrechte in der Charta der Vereinten Nationen festgeschrieben. „We the Peoples of the United Nations - determined [...] to reaffirm faith in fundamental human rights, in the dignity and worth of

---

[23] Korey, NGO's, S. 20ff; Opitz, Menschenrechte, S. 50f; Samnøy, Human Rights, S. 23ff.
[24] Opitz, Menschenrechte, S. 51.
[25] Burgers, The Road to San Francisco, S. 476; Korey, NGO's, S. 34ff.
[26] Opitz, Menschenrechte, S. 19ff; Verdoodt, Naissance, S. 36ff.

the human person [...] have resolved to combine our efforts to accomplish these aims."[27] Neben der Präambel werden die Menschenrechte in sieben Artikeln der Charta erwähnt. Dort werden sie bekräftigt (Artikel 1, 2, 55, 56), die Organe der Vereinten Nationen werden an den Schutz der Menschenrechte gebunden (Artikel 13, 62, 76), und eine Menschenrechtskommission wird gefordert (Artikel 68). Auch die Sonderorganisationen der Vereinten Nationen sind diesem Ziel verpflichtet (Artikel 57).[28]

Die Verfassung der *United Nations Educational, Scientific and Cultural Organisation* (Unesco), die am 4. November 1946 in Kraft trat, spiegelt dieses Ziel in Artikel 1 wider. Während sich bereits im November 1942 verschiedene Exilregierungen unter der Führung Großbritanniens in London auf der *Conference of the Ministers of Education of the Allied Governments* (CAME) getroffen und über praktische Probleme des Bildungswesens nach dem Ende des Krieges diskutiert hatten, entstand 1943 die Idee, das Treffen zu institutionalisieren und nach dem Krieg fortzusetzen. Im Januar 1943 wurden erste Kommissionen errichtet, und nach einer Initiative des britischen Bildungsministers Richard Butler und des französischen Delegierten René Cassin entschied man im Februar 1944, die Tradition des *International Committee for Intellectual Cooperation* (ICIC) fortzuführen. Unterstützt von den Vereinigten Staaten und entworfen als „consequence of the cold-blooded war crimes of the Axis power against mankind"[29], wurde die Unesco auf der Konferenz in London (1. bis 16. November 1945) gegründet, um Bildungsprogramme und den Wiederaufbau von Bibliotheken in der Nachkriegszeit zu gewährleisten. Als Sonderorganisation der Vereinten Nationen waren ihre Ziele an die UN-Charta gebunden: Austausch und Kooperation in den Bereichen Bildung, Erziehung und Wissenschaft sollten dem Frieden und der Förderung der Menschenrechte dienen.[30]

---

[27] Charter of the United Nations Organisation, in: Hans von Mangoldt und Volker Rittberger (Hrsg.), Das System der Vereinten Nationen und seine Vorläufer Band I/1: Vereinte Nationen, München 1995, S. 12.

[28] Ebd., S. 12-73. Vgl. Johnson, Magna Charta, S. 30ff; Opitz, Menschenrechte, S. 52.

[29] H. H. Krill de Capello, The Creation of the United Nations Educational, Scientific and Cultural Organization, in: International Organization 24 (1970) 1, S. 11.

[30] Ebd., S. 1-30; F. R. Cowell, Planning the Organisation of UNESCO, 1942-1946. A Personal Record, in: Journal of World History 10 (1966) 1, S. 210-236.

Diente das ICIC als historisches Vorbild für die Unesco? Das *International Committee for Intellectual Cooperation* wurde 1922 vom Völkerbund gegründet, setzte sich aus unabhängigen Mitgliedern zusammen und sollte dem Völkerbund als Beratungsorgan dienen. Gemeinsam mit seinem Exekutivorgan, dem 1924 gegründeten *International Institute for Intellectual Cooperation*, sollten internationale Netzwerke zwischen Intellektuellen aufgebaut werden, um Kriege zu vermeiden und Frieden zu sichern. Auch wenn die Menschenrechte in der Satzung der Institution nicht explizit erwähnt wurden, so verfolgte sie dennoch das Ziel, diese zu fördern und zu schützen: „Une des ambitions les chères de la Coopération Intellectuelle fut d'aider l'organisation internationale à créer une opinion publique éclairée, [...] d'assurer le respect pour la justice, les valeurs morales, de combattre les fanatismes, la xénophobie, l'ignorance agressive de l'étranger."[31] Nicht nur kennzeichnen das ICIC und die Unesco ähnliche Ziele, sondern beide Institution entstanden aus der Erfahrung des Krieges. Das ICIC kooperierte mit seinen Mitgliedsstaaten über Nationale Kommissionen, was auch die Arbeitsweise der Unesco bis heute prägt.

Dennoch kennzeichnen Unterschiede beide Organisationen. So ist die Charta der Vereinten Nationen die Grundlage der Unesco, ihre Delegierten sind Regierungsvertreter, und ihre Zielgruppe erweiterte sich von wenigen Intellektuellen auf die Weltöffentlichkeit.[32] Und auch der Menschenrechtsschutz wird, beeinflusst von der Konferenz von San Francisco und der UN-Charta, in der Verfassung der Unesco ausdrücklich erwähnt: „The purpose of the Organization is to contribute to peace and security by promoting collaboration among the nations through education, science and culture in order to further universal respect for justice, for the rule of law and for the human rights and fundamental freedoms which are affirmed for the peoples of

---

[31] Henri Bonnet, La société des nations et la coopération intellectuelle, in: Journal of World History 10 (1966) 1, S. 205. Vgl. Jan Kolosa, International Intellectual Cooperation, Warschau 1962, S. 67ff.

[32] Kolosa, International Intellectual Cooperation, S. 162; Pham-Thi-Tu, La coopération intellectuelle sous la Société des Nations, Genf 1962, S. 250ff; T. V. Sathyamurthy, The Politics of International Cooperation. Contrasting Conceptions of UNESCO, Genf 1964, S. 17.

the world, without distinction of race, sex, language or religion, by the Charter of the United Nations."[33]

Eine internationale Öffentlichkeit, die sich für die Menschenrechte einsetzte, und nationale Regierungen, die den internationalen Menschenrechtsschutz förderten, wirkten auf die Gründung der Vereinten Nationen und die Unesco ein, so dass in deren Gründungsdokumenten die Förderung der Menschenrechte verankert wurde. Wie wurde dieses Ziel in der Unesco in der Nachkriegszeit umgesetzt?

---

[33] Constitution of the United Nations Educational, Scientific and Cultural Organisation, in: Hans von Mangoldt und Volker Rittberger (Hrsg.), Das System der Vereinten Nationen und seine Vorläufer. Band I/2: Sonderorganisationen und andere Organisationen, München 1995, S. 508.

2. Entstehung des Komitees

Wer traf die Entscheidung, dass die Unesco die philosophische Begründung der Menschenrechte untersuchen sollte? Wie sollte dieses Ziel realisiert werden?

2.1. Entschlussfassung

Die erste Frage wird in der Forschungsliteratur unterschiedlich beantwortet. Partsch verweist auf Julian Huxley, den Generaldirektor der Unesco: „Um zunächst einmal die theoretischen Grundlagen eines internationalen Schutzes zu klären, ergriff der Generaldirektor der Sonderorganisation für Erziehung, Wissenschaft und Kultur (UNESCO), der bedeutende englische Biologe Julian Huxley, im März 1947 die Initiative zu einer Umfrage bei wichtigen Gelehrten und geistigen Führerpersönlichkeiten in zahlreichen Ländern, wie sie zu diesem Vorhaben stünden."[34] Symonides hingegen betont, dass die Menschenrechtskommission der Vereinten Nationen die Unesco gebeten habe, eine Untersuchung durchzuführen: „In 1947, at the request of the United Nations Commission on Human Rights, the Director-General sent a questionnaire to a number of personalities - philosophers and writers - in various Member States asking their opinion on theoretical problems posed by the Universal Declaration."[35] Schließlich vertritt Verdoodt gestützt von Lindholm die Position, die Vereinten Nationen und die Unesco hätten sich eng miteinander abgestimmt: „En raison d'un accord entre les Nations Unies et l'Unesco, ce comité demanda dès l'été 1947 de faire distribuer des larges extraits de son travail à la Commission des Droits de l'Homme."[36]

Die Dokumente der Vorbereitungskommission und der ersten Generalkonferenz der Unesco in Paris beantworten die Frage. Als das *Committee on Letters and Philosophy* die erste Generalkonferenz der Unesco vorbereitete, verfasste es am 24. Juni 1946 ein Memorandum zu dem Programmpunkt „Philosophie": „In the field of philosophy our Organisation is faced with a situation which calls for effective action. [...] [P]hilosophical concepts were distorted and put by the totalitarian countries to propagandist use. [...] The Sub-Section of Philosophy would initiate the convening next year of a confer-

[34] Partsch, Hoffen auf Menschenrechte, S. 32.
[35] Symonides, UNESCO, S. 77.

ence of philosophers, psychologists and savants, representing all races and the different cultures and continents, for the purpose of studying the principles to be established and the methods of educating Man in order that he may exercise the rights and perform the duties of free men under the new democracy. This suggestion has been submitted to the Secretariat by the Mexican delegation. The United Nations have a Committee on the Rights of Man, with which we should have to collaborate in the calling of this congress. The latter will not be duplicating the work of the Commission, since it will be concerned more with application than with principles. It would be essential that the congress should consist of a comparatively small number of delegates, and of men and women firmly resolved to reach a final agreement; this to avoid intellectual wrangling. At the end of this congress a rapporteur might be appointed to draft a philosophical charter of the rights of modern man, a charter which would be published in all languages and circulated widely in all countries."[37]

Das Komitee schlug somit vor, eine Konferenz mit Teilnehmern verschiedenster Berufe und aus unterschiedlichen Ländern zu organisieren. Dabei sollten Prinzipien und Methoden diskutiert werden, um Rechte und Pflichten der Menschen in den neuen Demokratien zu klären. Am Ende des Projekts sollte eine philosophische Menschenrechtsdeklaration stehen.

Worauf beruhte dieser Antrag des Komitees? Zunächst: Die Erfahrung totalitärer Regime leitete die Entscheidung und wurde im Abschluss-Bericht der Vorbereitungskommission aufgegriffen, in dem eine internationale Menschenrechtsdeklaration der Politik des Nationalsozialismus gegenübergestellt wurde. „Two different and contrasting ideologies are here described, the first is the one held and applied by the totalitarian states, of which Nazi Germany was the glaring example, the other is the more universal ideology of the Bill of Human Rights. [...] [T]o combat it [NS], means must be found of building up integrated men and women in all countries, the vital units of a democratic world community."[38] Dann: Die Delegation des Landes Mexiko, die sich be-

---

[36] Verdoodt, Naissance, S. 63. Vgl. Lindholm, Article 1, S. 37; Yearbook, S. 709.

[37] UNESCO/Prep.Com./Letters & Phil./Com./4/1946, Memorandum on the Philosophy Programme of UNESCO, 24.06.1946, S. 1 und 8.

[38] UNESCO/Prep.Com./51 (rev.1)/Chapter VIII/1946, UNESCO - Preparatory Commission - Revised Progress Report on the Programme of the UNESCO, 16.08.1946, S. 10f. Vgl.

reits auf der Gründungskonferenz der Vereinten Nationen für den internationalen Menschenrechtsschutz ausgesprochen hatte, setzte sich in der Vorbereitungskommission der Unesco für eine Diskussion der Idee der Menschenrechte ein. Jacques Havet, der Leiter der Unterabteilung Philosophie der Unesco, betonte die Rolle Mexikos ausdrücklich auf der ersten Unesco-Generalkonferenz in der Unterkommission für Sozialwissenschaften, Philosophie und Geisteswissenschaften: „[T]he investigation of the problem of the theoretical foundations of a Declaration of the Rights of Man has been explicitly requested by a delegation, that of Mexico, at the meeting of the sub-Commission in June 1946."[39] Schließlich: Während des Projekts wollte man mit den Vereinten Nationen kooperieren, nicht jedoch rivalisieren. Diese gemeinsame Zielsetzung, die auf der Charta der Vereinten Nationen und der Verfassung der Unesco beruhte, wird im Programmbericht der Unesco-Vorbereitungskommission bestätigt: „Another particular aspect of this task is the provision in the United Nations Charter and in the Constitution of UNESCO requiring them to take the necessary action to promote respect for, and observance of, human rights and fundamental freedoms. If men and women throughout the world could be given such guarantee there would be the basis for that individual development which makes for the 'fruitful diversity' fundamental to any true world culture. In the achievement of an international bill of rights, UNESCO with its special concern for the culture of peoples has a major part to play."[40]

Dieser Antrag mündete in eine Resolution der Generalkonferenz: „In liaison with the United Nations Commission on the Rights of Man, Unesco will call a conference to clarify the principles on which a modern, universally valid Declaration of the Rights of Man might be based."[41]

Dass die Unesco die Untersuchung veranlasste, bestätigt auch ein Memorandum des Sekretariats der Unesco vom 27. März 1947, das an ver-

---

Jacques Havet, Ce que l'élite contemporain pense des Droits de l'Homme, in: Le Courrier de l'Unesco 1 (1948) 7, S. 8.

[39] UNESCO/C/Prog.Com./S.C.Soc.Sci/V.R.4/1946, Social Science, Philosophy and Humanistic Studies Sub-Commission. Verbatim Record of the Fourth Meeting held on Saturday 30 November 1946, 30.11.1946, S. 24.

[40] UNESCO/Prep.Com./51 (rev.1)/Chapter VIII/1946, Revised Progress Report, S. 10f.

[41] UNESCO Journal of the General Conference. First Session, Resolutions Adopted on the Report of the Programme Commission, No 22, 13-16 December 1946, S. 213.

schiedene Persönlichkeiten des öffentlichen Lebens gesandt wurde, um sie über die Untersuchung der philosophischen Begründung der Menschenrechte zu informieren und sie um einen Beitrag zu bitten. „Unesco has been informed by the Chairman of the [UN] Commission [on Human Rights] that its view on the principles underlying any such Declaration would be welcomed. The General Conference of Unesco had already envisaged a Conference of Philosophers to undertake a general discussion of the subject."[42] In einem Brief an Henri Laugier, stellvertretender Generalsekretär der Vereinten Nationen, betonte Huxley am 1. August 1947: „I have the honour to remind you of the enquiry which Unesco has carried out and which is related to the work of the Commission on Human Rights. In conformity with a decision of the General Conference of Unesco, a memorandum and questionnaire on the philosophical principles which should underline a Declaration of the Rights of Man was circulated."[43] Darüber hinaus schrieb Havet in *Le Courrier de l'Unesco*: „C'est lors de la première session de la Conférence générale qu'une enquête sur les origines et les fondements philosophiques des Droits de l'Homme fut incorporée au programme de l'Unesco."[44]

Warum vertritt Symonides die These, dass die Vereinten Nationen die Untersuchung veranlasst haben? An seinen Korrespondenzpartner Richard Cowell, Mitarbeiter im englischen Bildungsministerium, richtete Claude Berkeley, *Executive Assistant* des Generaldirektors der Unesco, am 19. Juni 1947 folgende Worte: „The fact remains that there is no duplication [with the work of the UN Commission on Human Rights], and that we have had assurance from Mrs. Roosevelt and others that our contribution will be welcome (though for your private ear I must add that we went too far when we stated in our circular letter to governments that we had been invited 'by the Human Rights Commission' to contribute something)."[45] Wurden tatsächlich in einem Rundschreiben an die Regierungen die Vereinten Nationen als Urheber der Untersuchung genannt? Die französische Übersetzung des bereits zitierten

---

[42] UNESCO/Phil./1/1947 + CORR., Memorandum on Human Rights, 27.03.1947, S. 1.

[43] UNESCO/342.7 (100): 1 A 02/II, Comité sur les principes philosophiques des droits de l'homme. Part II from 1 June 1947, 1947-1952, Huxley an Laugier (1.08.1947), S. 143/146. Vgl. ebd., Huxley an Ministry of Education in London (9.09.1947), S. 181/184.

[44] Havet, Ce que l'élite, S. 8.

[45] UNESCO/342.7 (100): 1 A 02/II, Comité (1947-1952): Berkeley an Cowell (19.06.1947), S. 45/47.

Memorandums bestätigt dies: „La Présidente de la Commission a invité l'Unesco à lui communiquer sa conception des principes fondamentaux d'une telle Déclaration."[46] Der englische Text jedoch unterscheidet sich von der französischen Übersetzung: „Unesco has been informed by the Chairman of the Commission that its views on the principles underlying any such Declaration would be welcomed."[47] Jedoch sind es nicht nur unterschiedliche Übersetzungen, welche die Vereinten Nationen als Urheber der Untersuchung erscheinen lassen. Huxley begründete in einem Brief an Thomas Stearns Eliot, den er um einen Beitrag für die Unesco-Untersuchung bat, das Projekt mit den Worten: „It is the United Nations Commission on Human Rights which is committed to attempting to formulate a 'Declaration of the Rights of Man' which shall be as universal as possible, and we have been asked to help them in regard to what one may call the philosophical basis for such a formulation."[48] Dass es sich hierbei um eine zu weitgehende Formulierung handelte, war Huxley bewusst, als er in einem Brief an Benedetto Croce bekannte: „First of all, we should have made clear that it is not Unesco which is preparing a Declaration on the Rights of Man, but the Human Rights Commission of the United Nations in New York. We have merely been asked to provide them with material concerning the theoretical basis for such a Declaration."[49]

Spätestens im Januar 1947 war die UN-Menschenrechtskommission über das Projekt der Unesco informiert, als der US-amerikanische Schriftsteller und ehemalige Leiter der *Library of Congress* Archibald MacLeish die Unesco vor der Kommission repräsentierte und ihr Programm vorstellte.[50] Im Frühjahr 1947 nahm Huxley an einem Treffen des *Koordinationskomitees für die Aktivitäten der UN-Sonderorganisationen* in New York teil. Dort wurden Vereinbarungen getroffen, um die Arbeit zwischen den Vereinten Nationen und ihren Sonderorganisationen effizient und wirkungsvoll zu gestalten. Denkbar ist, dass Huxley auch hier das Verhältnis zwischen der UN-

---

46 UNESCO/Phil/1/1947, Mémorandum sur les droits de l'homme, 27.03.1947, S. 3.
47 UNESCO Phil./1/1947 + CORR., Memorandum on Human Rights, 27.03.1947, S. 1.
48 UNESCO/342.7 (100): 1 A 02/I, Comité (1947): Huxley an Eliot (25.04.1947), S. 162/154. Vgl. ebd., Huxley an Read (25.04.1947), S. 161/153.
49 Ebd., Huxley an Croce (ohne Datum), S. 24/26.
50 Ebd., Huxley an Eleanor Roosevelt (12.05.1947), S. 248/241; UNESCO/2C/4, Report of the Director-General on the Activities of the Organisation in 1947, 20.09.1947, S. 76.

Menschenrechtskommission und dem Unesco-Projekt thematisierte.[51] Schließlich informierte Huxley am 12. Mai 1947 die Vorsitzende der UN-Menschenrechtskommission, Eleanor Roosevelt, in einem Brief über die Aktivitäten der Unesco: „Following your letter of February 19th, I have the honour to inform you in your capacity as Chairman of the United Nations Commission on Human Rights, of the steps taken by Unesco in order to prepare a philosophical statement for the Bill of Human Rights which the United Nations is planning to make."[52] Doch bereits im Juni 1946 hatte das *Committee on Letters and Philosophy* der Unesco den Entschluss gefasst, eine Untersuchung über die philosophische Begründung der Menschenrechte zu veranlassen, was im Widerspruch zu Partschs These steht, der dem Generaldirektor Huxley die Initiative überträgt. Die vorliegenden Quellen zeigen, dass die Untersuchung von der Unesco veranlasst wurde, dass jedoch ab Januar 1947 die Vereinten Nationen und insbesondere die UN-Menschenrechtskommission über die Resolution der Unesco informiert waren.

Nicht nur in der Forschungsliteratur, sondern auch unter Teilnehmern der Unesco-Untersuchung herrschte lange Zeit Verwirrung darüber, wer das Projekt veranlasst hatte. In einem Artikel für die Zeitschrift *Synthèses* schrieb noch Ende 1947 Luc Somerhausen, ein Mitglied des *Comité sur les principes philosophiques des droits de l'homme*: „Au lendemain de la guerre, et conformément aux dispositions de la Charte, l'O.N.U. se préoccupa de résoudre la question des droits de l'homme sur le plan mondial. [...] C'est dans ces conditions que l'U.N.E.S.C.O. fut invitée à étudier à son tour le problème dans l'esprit qui lui est propre, c'est-à-dire en s'efforçant de dégager des notions fondamentales afin de proposer un humanisme scientifique capable d'assurer une unification progressive de la vie humaine."[53] Und auch der Berichterstatter des Komitees, Richard McKeon, erläuterte 1947 auf der zweiten Generalkonferenz der Unesco in Mexiko das Projekt mit den Worten: „The enquiry was undertaken in collaboration with, or in response to an invitation

---

[51] UNSECO/Cons. Exec./2e Sess./S.R. 1/1947 (rev.)/7.05.1947, Summary Report of the First Meeting, S. 3.

[52] UNESCO/342.7 (100): 1 A 02/I, Comité (1947): Huxley an Eleanor Roosevelt (12.05.1947), S. 248/241.

from, the Commission on Human Rights of the Economic and Social Council."[54]

2.2. Realisierung

Jacques Havet, Leiter der Unterabteilung „Philosophie" der Sektion *Humanities and Philosophy* wurde beauftragt, das Projekt zu realisieren. Nach dem Studium der Philosophie ausgebildet an der *École Normale Supérieure* und Autor einer Abhandlung über „Kant und das Problem der Zeit", leitete er seit 1946 die Unterabteilung „Philosophie" der Unesco. Er sollte während des gesamten Projekts für das *Comité sur les principes philosophiques des droits de l'homme* verantwortlich bleiben.[55]

2.2.1. Konferenz oder Umfrage

Bis März 1947 plante das Sekretariat eine Konferenz. Zunächst wurden im Januar verschiedene Abteilungen der Unesco gebeten, die Menschenrechte aus ihrer Perspektive zu begründen. Am 20. und 21. Januar 1947 gingen die Antworten ein. Die Abteilung „Erziehung" forderte ein Recht auf allgemeine Bildung; sie verlangte die Pflicht zur Fortbildung entsprechend der Fähigkeiten des Einzelnen; sie sprach sich für eine Verpflichtung aller Menschen aus, Wissen nur zum Wohle der Gesellschaft zu verwenden; und sie plädierte für eine Charta des Lehrpersonals.[56] Die Abteilung „Bibliotheken" betonte das Recht „to benefit from the store of knowledge and enjoyment found in libraries, archives and publications"[57], und die Abteilung „Sozialwissenschaften" hob das Recht auf Wohnen und Frieden hervor.[58] In einer Stellungnahme zu den Rechten des Künstlers wurden Meinungsfreiheit, materielle Grundsicherung, gesellschaftliche Anerkennung und der Schutz künstlerischen Eigentums gefordert.[59] Der Leiter der Presseabteilung, René Maheu,

---

53 Luc Somerhausen, Le problème philosophique des Droits de l'Homme, in: Synthèses. Revue mensuelle internationale, hg. von Jean Stadtsbaeder 2 (1947) 6, S. 289f.

54 UNESCO/2C/132/I, Records of the General Conference of Unesco. Second Session. Mexiko 1947. Volume 1. Proceedings, April 1948, S. 433.

55 Who's who in the United Nations and Related Agencies, New York 1975, S. 245.

56 UNESCO/342.7 (100): 1 A 02/I, Comité (1947): Kuo an Havet (20.01.1947), S. 34/36.

57 Ebd., The Libraries Section an Human Rights (ohne Datum), S. 36/38.

58 Ebd., Human Rights (ohne Datum), S. 39/41.

59 Ebd., Les Droits d l'artiste (ohne Datum), S. 43f/45f.

hob die Bedeutung der Informationsfreiheit und des Urheberrechts hervor.[60] Schließlich äußerte sich die Rechtsabteilung zum Urheberrecht und nahm zum Verhältnis zwischen den Vereinten Nationen und der Unesco Stellung.[61] All diese Stellungnahmen wurden von Havet zusammengefasst und an MacLeish weitergereicht, der die Unesco vor der Menschenrechtskommission der Vereinten Nationen am 25. Januar repräsentierte.[62]

Nizza bot sich als Konferenzort an, und die Stadtverwaltung erklärte sich bereit, alle anfallenden Kosten für eine mögliche Konferenz zu tragen. Doch Huxley lehnte dieses Angebot ab: „I think this conference in particular should be held in Paris in the closest possible relation with the members of the Secretariat concerned, and it would be very difficult to exercise any supervision, or even keep an eye on what they are doing, if they met at the other end of the country."[63] Damit die Konferenz möglichst bald stattfinden konnte, sollten nur wenige westeuropäische Experten teilnehmen.[64] Am 4. März unterbreitete Havet dem Generaldirektor eine Liste qualifizierter Personen. Havet beschränkte sich dabei auf Personen aus West- und Nordeuropa, und nur bei möglichen Absagen sollten Experten aus den Vereinigten Staaten eingeladen werden. Erstmals wurde hier der Gedanke erwähnt, eine Einleitung für die Einladungen zu verfassen: „[I]l serait sans doute utile de rédiger un avertissement très court définissant pour chaque philosophe le genre de contribution qu'on attend de lui, en rapport avec la situation de fait qui constitue le projet de rédaction par les Nations Unies d'une Déclaration universelle des Droits de l'Homme. Désirez-vous [Huxley] que je rédige un premier projet et que je vous le soumette?"[65] All diese Vorschläge unterlagen jedoch der Zustimmung Huxleys, dessen zentrale Rolle bei der Auswahl möglicher Teilnehmer und beim Verfassen einer Einladung in dem Brief Havets deutlich wird.

Doch nicht eine Konferenz, sondern eine Umfrage und ein Komitee wurden organisiert. In dem Einladungsschreiben des Sekretariats vom 27. März 1947, das mit der Bitte um schriftliche Beiträge an verschiedene Persönlich-

---

[60] Ebd., Maheu an Havet (21.01.1947), S. 45f/47f.
[61] Ebd., Section Juridique (20.01.1947), S. 40f/42f.
[62] Ebd., Havet an Maheu, Kuo, Vanek, Warendorf (17.01.1947), S. 47/49.
[63] Ebd., Huxley an Havet (3.03.1947), S. 49/51.
[64] Ebd., Havet an Huxley (24.01.1947), S. 48/50.

keiten des öffentlichen Lebens versandt wurde, wurde diese Entscheidung erläutert: „In view of the immediacy of the task, it has proven necessary to alter this procedure and to ask for contributions in written form, from Governments and from individuals. The Director-General is accordingly communicating with Member Governments, requesting them to lay before their National Commissions, Co-operating Bodies, or other appropriate groups, the problem of formulating an analysis for the problem of human rights and its underlying principles, so as to permit the formulation of a Declaration of Human Rights for the modern world in its present circumstances. [...] The Director-General is also inviting a number of individual thinkers to submit a statement on the subject or on a particular aspect of it [...] and is informing Governments of the individuals thus invited. It is then proposed to submit all contributions received to a small Drafting Committee convened by Unesco, which will utilise them as the basis for a single document, to be sent to the Chairman of the Commission on Human Rights, to aid in the framing of a Declaration of the Rights of Man. In addition, the Unesco Drafting Committee will act as an Editorial Committee, with a view of publishing a comprehensive selection of the contributions received in book form under the auspices of Unesco."[66]

In enger Zusammenarbeit mit Regierungen und unabhängigen Persönlichkeiten, mit Nichtregierungsorganisationen und nationalen Kommissionen sollten Beiträge an die Unesco gesandt werden, die von einem Komitee redigiert werden sollten, um die UN-Menschenrechtskommission in ihrer Arbeit zu unterstützen und eine Veröffentlichung der Beiträge vorzubereiten. Doch warum entschied man sich gegen eine Konferenz und für eine Umfrage? Zeitmangel erforderte eine schnelle Umsetzung des Projekts. Alle Beiträge sollten der UN-Menschenrechtskommission bis 1. Juni 1947 vorliegen. Bei einer Umfrage konnten mehr Personen befragt werden als bei einer Konferenz. Dies kam dem Ziel der Unesco entgegen, eine umfassende Diskussion über allgemeine als auch spezielle Rechte zu verwirklichen. Eine Umfrage verursachte geringere finanzielle Kosten. Schließlich hatte die UN-Menschenrechtskommission bereits eine Umfrage durchgeführt und nationale

---

[65] Ebd., Havet an Huxley (24.02.1947), S. 55/57.
[66] UNESCO/Phil./1/1947 + CORR., Memorandum on Human Rights, S. 1.

Verfassungen und Gesetze nach menschenrechtlichen Inhalten untersucht. Die Rechtsabteilung der Unesco hatte in ihrer Stellungnahme vom 20. Januar 1947 vorgeschlagen, diese Umfrage in erweiterter Form fortzusetzen.[67]

2.2.2. Vorbereitung des Komitees

Wie am 4. März von Havet vorgeschlagen, wurde den Briefen, in denen um einen Beitrag für die Umfrage gebeten wurde, eine Einleitung beigefügt. Sie sollte den Autoren eine Einführung bieten, bevor sie ihre Beiträge für die Unesco verfassten.

Zunächst wurden darin die Menschenrechte historisch abgeleitet, ihr Inhalt und Wandel aus der Geschichte der westlichen Moderne erklärt. Im 18. Jahrhundert seien die Menschenrechte als absolute, angeborene Rechte des Individuums entstanden, die in Gewissensfreiheit, Religionsfreiheit und Selbstbestimmungsrecht ihren Ausdruck gefunden hätten. Im 19. Jahrhundert seien diese Rechte dann relativiert worden, indem die materiellen und wirtschaftlichen Bedingungen für ihre Umsetzung betont worden seien. Daraus seien zwei unterschiedliche Konzeptionen der Menschenrechte entstanden, die liberalen Freiheitsrechte des Individuums und die kollektiven Rechte von Gruppen. Ziel der Untersuchung der Unesco sei es, diese beiden Konzeptionen zu vereinen. Dieser Darstellung folgte ein Fragenkatalog. Er umfasste einerseits allgemeine Fragen, wie sich das Verhältnis zwischen politischen, wirtschaftlichen und sozialen Rechten in unterschiedlichen Gesellschaften und zu verschiedenen Zeiten entwickelte, wie sich die Beziehung zwischen Personen und Gruppen im Laufe der Geschichte wandelte, wie das Verhältnis von Freiheit und Pflicht gestaltet werden könne und wann Rechte eingeschränkt werden dürften. Andererseits enthielt der Katalog Fragen zu speziellen Rechten.[68] Zwei Betrachtungsweisen sind kennzeichnend: Eine historische Perspektive, aus der die Menschenrechte abgeleitet werden, und eine universalistische Perspektive, die nach einer Synthese der verschiedenen menschenrechtlichen Positionen strebt.

---

[67] UNESCO/342.7 (100): 1 A 02/I, Comité (1947), Section Juridique (20.01.1947), S. 40/42; ebd., Havet an Huxley (24.02.1947), S. 48/50; McKeon an Huxley (17.04.1947), S. 130/123; UNESCO/Phil./1/1947 + CORR., Memorandum on Human Rights, S. 6.

[68] Ebd., S. 3ff.

In verschiedenen Briefen Havets wird Huxley als Verfasser genannt. Am 16. September 1947 schrieb er an Felix Frankfurter, Richter am *Supreme Court* der Vereinigten Staaten: „I have the pleasure in enclosing, at Professor Laski's suggestion, a few Unesco documents which I hope will interest you. Document Unesco/Phil/1 is a memorandum which Dr Huxley, Director-General of Unesco, prepared as a questionnaire for an enquiry Unesco made this year on the philosophical principles of the rights of man."[69] In einem Brief an Jean-Paul Sartre vom 27. August 1947 wiederholte Havet: „Il y a trois mois [...] je m'étais permis de vous envoyer par l'intermédiaire de M. Merleau-Ponty, un document que le Dr. Huxley avait rédigé pour ouvrir une enquête sur les principes généraux des Droits de l'Homme."[70] Somerhausen bestätigte diese Position in einem Artikel für die Zeitschrift *Synthèses*.[71]

In anderen Briefen wird jedoch das gesamte Sekretariat als Verfasser genannt, etwa als Huxley an Eliot schrieb: „As regards the assumption on which our document giving the suggested frame of reference was based, we [the Secretariat] tried to make this as broad and as factual as possible, trying to put the question in a historical setting."[72] Und selbst Havet betonte in einem Brief an die Zeitschrift *Synthèses* und in einem Artikel in *Le Courrier de l'Unesco*, dass das Memorandum nicht Huxley persönlich zugeschrieben werden dürfe, sondern von einer Kommission entworfen worden sei. Wer an dieser Kommission teilnahm, wurde nicht erwähnt.[73] Der Verfasser der Einleitung bleibt unbekannt, doch dürfte Huxley bei der Formulierung des Memorandums eine zentrale Rolle gespielt haben. Dass er der historisch-universalistischen Perspektive des Textes nicht nur zustimmte, sondern sie vielmehr forderte, zeigt sich in seinem Brief an Eliot: „Personally I think that, if one is willing to take a dynamical or historical view, it is likely that we shall find that the area of disagreement is less than we suppose."[74]

---

69 UNESCO/342.7 (100): 1 A 02/II, Comité (1947-1952): Havet an Frankfurter (16.09.1947), S. 210/213.

70 Ebd., Havet an Sartre (ohne Datum), S. 159/162.

71 Somerhausen, Le problème philosophique, S. 290.

72 UNESCO/342.7 (100): 1 A 02/I, Comité (1947): Huxley an Eliot (25.04.1947), S. 162/154.

73 UNESCO/342.7 (100) A 14/315, Synthèses, Human Rights - Publicity Article in Revue Synthèses, 1947/1948, Havet an Stadtsbaeder (17.10.1947); Havet, Ce que l'élite, S. 8.

74 UNESCO/342.7 (100): 1 A 02/I, Comité (1947): Huxley an Eliot (25.04.1947), S. 162/154.

Ferner beeinflusste MacLeish den Text, der ihm zur Korrektur vorgelegt wurde. Er äußerte sich über die Pressefreiheit im 20. Jahrhundert, die Garantie von Freiheiten in den Vereinigten Staaten und den Beginn staatlicher Planung, um wirtschaftliche und soziale Menschenrechte zu verwirklichen. Die erste Anmerkung wurde in dem Memorandum berücksichtigt.[75]

Bereits am 21. März, noch bevor das Memorandum verfasst wurde, war eine Anfrage um einen Beitrag an Edward Hallet Carr übersandt worden. Am 9. Mai waren 21 Beiträge eingetroffen und neun weitere Zusagen lagen vor. Beiträge, die vor dem 1. Juni die Unesco erreichten, konnten an die UN-Menschenrechtskommission weitergeleitet werden. Unabhängig von ihrem Eingang sollten jedoch alle Texte für eine Veröffentlichung der Umfrage verwendet werden. Insgesamt wandte sich die Unesco an etwa 250 Personen und Institutionen, von denen etwa 70 antworteten.[76]

Die offiziellen Einladungen an die Komiteemitglieder, welche die Beiträge analysieren, daraus eine Synthese für die UN-Menschenrechtskommission verfassen und eine Publikation der Umfrage vorbereiten sollten, wurden Anfang Juni versandt. Gleichzeitig waren die Komiteemitglieder aufgefordert, auch persönliche Beiträge für die Umfrage zu liefern.[77] In der Programmkommission der Unesco am 28. Mai 1947, an der neben Huxley und Havet, Walter Laves, *Deputy Director-General*, Jean Thomas, *Assistant Director-General*, und Jean Jacques Mayoux, *Director of the Philosophy and Humanities Section*, teilnahmen, wurden die Aufgaben des Komitees diskutiert. Das erste Treffen war vom 26. Juni bis 2. Juli 1947 geplant. Neben Vertretern aus Europa sollte je ein Experte aus den Vereinigten Staaten, aus China und aus

---

75 Ebd., MacLeish an Huxley (3.04.1947), S. 83f/77f.

76 Ebd., Lewis an Huxley (14.04.1947), S. 111/105; ebd., Havet an Huxley (25.04.1947), S. 160/152; ebd., Carr an Huxley (28.04.1947), S. 170/162; Havet an McKeon (9.05.1947), S. 226/219; Unesco, Les Droits de l'Homme, in: Le Courrier de l'Unesco 1 (1948) 8, S. 5.

77 UNESCO/342.7 (100): 1 A 02/II, Comité (1947-1952): Comité de Rédaction - Enquête sur les Droits de l'homme (9.06.1947), S. 20/22; ebd., Havet an Thomas (25.06.1947), S. 52f/54f. Diese Vermischung von Aufgaben wurde von Somerhausen problematisiert: „Je désirais vous demander si vous ne considériez pas qu'il y a une certaine incompatibilité entre le fait de faire partie d'un comité de rédaction "chargé d'examiner les contributions écrites" et de soumettre au dit comité, en même temps, une contribution écrite sur le problème qui est à la étude." Das Problem wird jedoch von Havet zurückgewiesen. (UNESCO/342.7 (100): 1 A 02/I, Comité (1947): Somerhausen an Havet (14.05.1947), S. 258/251; ebd., Havet an Somerhausen (20.05.1947), S. 282/275).

Lateinamerika teilnehmen. Eingeladen wurden Pierre Auger, Edward Hallet Carr, Georges Friedman, Etienne Gilson, Richard P. McKeon, Harold Laski, Chung-Shu Lo, Manuel Cabrera Maciá und Luc Somerhausen. Ferner wurde beschlossen, dass Havet die Unesco bei der Sitzung der UN-Menschenrechtskommission vom 8. bis 15. Juni in New York vertreten sollte.[78]

Die Personen, die einen Beitrag für die Umfrage verfassen sollten, wurden nach unterschiedlichen Kriterien ausgewählt. Zunächst wurde die fachliche Qualifikation bei der Auswahl berücksichtigt, wie die Einladung an Bertrand Russel, Professor am *Trinity College* in Cambridge, verdeutlicht: „You are one of the very rare philosophers who has attempted to consider the whole evolution of the subject in relation to social and economic developments, so that I feel that any symposium on this subject would be sadly incomplete without a contribution from you."[79] Es wurden Personen gesucht, die möglichst vielfältige und unterschiedliche Positionen vertraten, sei es wegen ihrer geographischen Herkunft, ihrer beruflichen Erfahrungen oder ihrer politischen Positionen. So schrieb Huxley an den Künstler Henry Moore: „Of course we are approaching professional philosophers, but we do want to have contributions from others in other professions - including writers, painters, sculptors, politicians, scientists, etc. - who have thought about the problem from a particular angle."[80] Daneben beeinflussten die Rahmenbedingungen der internationalen Politik die Wahl. Da es beinahe unmöglich war, unabhängige Stellungnahmen aus der Sowjetunion zu erhalten, engagierte die Unesco Boris Tchechko, einen sowjetischen Professor der Rechtsphilosophie, der die Position der Sowjetunion anhand ihrer Verfassung darstellen

---

[78] UNESCO/342.7 (100): 1 A 02/II., Comité (1947-1952): Havet an Carr (2.06.1947), S. 1/3; ebd., Comité de Rédaction - Enquête (9.06.1947), 20/22; ebd., Havet an Thomas (25.06.1947), S. 52/54.

[79] UNESCO/342.7 (100): 1 A 02/I, Comité (1947): Huxley an Russel (3.04.1947), S. 82/76. Vgl. ebd., Huxley an Wallace (24.04.1947), S. 156/148; ebd., Huxley an Read (15.04.1947), S. 161/153; ebd., Havet an Mounin (1.05.1947), S. 190/183.

[80] Ebd., Huxley an Moore (25.04.1947), S. 164/156. Zur geographischen Herkunft vgl. ebd., Huxley an Nehru (2.04.1947), S. 79/73; ebd., Huxley an Artucio (3.04.1947), 81/75. Zur politischen Vielfalt vgl. ebd., Havet an Mounin (ohne Datum), S. 190/183; UNESCO/342.7 (100): 1 A 02/II, Comité (1947-1952): Havet an Huxleys Büro (10.07.1947), S. 72/75.

sollte.[81] Außerdem wurden Personen um Beiträge gebeten, die gleichzeitig auch als Multiplikatoren die Einladungsschreiben weiterreichen sollten.[82] Auch wurden Ratschläge von Kooperationspartnern berücksichtigt. So sandte Richard McKeon, der für das Projekt in den Vereinigten Staaten arbeitete, die Einladungen in Übereinstimmung mit seiner Nationalen Kommission an verschiedene von ihm ausgewählte Personen.[83] Schließlich bestimmte der Generaldirektor der Unesco, wer um einen Beitrag gebeten wurde. Begeistert von einer Publikation B. Farringtons schrieb er dem Autor: „I have just been reading your little Pelican on Greek Science, which I found fascinating. It makes me all the more anxious to have something from your pen on this symposium."[84]

Zusätzliche Kriterien beeinflussten die Wahl der Komiteemitglieder. Ausgewählt vom Generaldirektor in Absprache mit seinen Mitarbeitern und einem oder zwei Mitgliedern des zukünftigen Komitees sollten sie nicht nur politische und geographische Vielfalt widerspiegeln, sondern auch verschiedene politische und philosophische Standpunkte ausgewogen repräsentieren.[85] Einerseits nahm man dabei auf die Mitgliedsstaaten der Unesco und der Vereinten Nationen Rücksicht; andererseits beanspruchte das Sekretariat eine möglichst breite Zustimmung für die Arbeit des Komitees.[86] Ferner sollten die

---

81 Havet schrieb am 13. Mai 1947 an McKeon: „In view of practical impossibility of getting any statements from individuals in Soviet Russia in the present stage of things, Unesco has hired the services of a consultant, who is professor of philosophy in law in the U.S.S.R." (UNESCO/342.7 (100): 1 A 02/I, Comité (1947): Havet an McKeon (13.05.1947), S. 252/245).

82 Ebd., Huxley an Ribnikar (31.03.1947), 73/67; ebd., Høeg an Huxley (19.04.1947), S. 138/131; ebd., Radhakrishnan an Huxley (27.04.1947), S. 110/104; ebd., Spender an Huxley (16.04.1947), S. 125/118; ebd., Verecken an Huxley (18.04.1947), S. 135/128.

83 Ebd., Huxley an Cole (5.05.1947), S. 196/189. Der Einfluss McKeons auf das Projekt in den Vereinigten Staaten darf nicht unterschätzt werden. McKeon entschied nicht nur, welchen Personen das Einladungsschreiben in den Vereinigten Staaten gesandt wurde, sondern er veränderte auch den Wortlaut des Einladungsschreibens (Vgl. ebd., McKeon an Huxley (17.04.1947), S. 131/124).

84 Ebd., Huxley an Farrington (25.04.1947), S. 165/157.

85 Berkeley betonte in einem Brief an Colegate: „The members of this Committee were selected on the responsibility of the General Director in consultation with his staff and with one or two of the leading members themselves." (UNESCO/342.7 (100): 1 A 02/II, Comité (1947-1952): Berkeley an Colegate (22.06.1947), S. 103/106).

86 UNESCO/342.7 (100): 1 A 02/I, Comité (1947): Huxley an Artucio (3.04.1947), S. 81/75; ebd., Havet an Huxley (31.03.1947), S. 74/68; UNESCO/342.7 (100): 1 A 02/II, Comité (1947-1952): Berkeley an Colegate (22.06.1947), S. 103/106; ebd., Havet an Carr (1.08.1947), S. 133/136.

Mitglieder in der Lage sein, ihre persönliche Position relativieren zu können. So begründete Havet die Wahl Laskis und Carrs für das Komitee mit den Worten: „Laski and Carr were not chosen as representatives of British opinion, but as two individuals who seemed to be able to understand both points of view in conflict (the Western and the Soviet) and to give an impartial philosophic analysis of the contributions received from many people of different opinions."[87]

Doch auch praktische Überlegungen kennzeichneten die Wahl. Konnten die gewünschten Personen nicht zum Treffen des Komitees nach Paris kommen, so waren sie von der Teilnahme ausgeschlossen. So war es schwierig, einen Repräsentanten Lateinamerikas zu finden, der bereits in Paris anwesend war. Raymon Ronze, Direktor von *Groupement des Universités de Grandes Ecoles de France pour les Relations avec l'Amérique Latine*, der bei der Suche um Rat gebeten wurde, musste feststellen: „Je ne vois, pour l'instant, que deux personnalités latino-américaines, présentes à Paris ou pouvant y arriver prochainement, qui seraient dignes de faire partie de ce Comité."[88]

Warum verzichteten geladene Personen darauf, an der Umfrage teilzunehmen? Krankheit hinderte Ernst Morris daran, einen Beitrag zu verfassen: „I have just come out of the hospital and am still under doctor's orders. I am not in a position to answer your questionnaire in detail. On the abstract level, I think you can get an idea of my approach in a book I recently did entitled *The First Freedom*".[89] Mit Zeitmangel begründete der französische Philosoph René Le Sennes seine Absage: „Ne voyez donc pas dans mon refus, associé à mon regret, aucun refus de collaborer avec l'Unesco; mais le résultat nécessaire d'un concours décisif d'empêchements."[90] Manche zweifelten an ihrer

---

87 Ebd., Havet an Huxleys Büro (10.07.1947), S. 72/75. Vgl. UNESCO/342.7 (100): 1 A 02/I, Comité (1947): Havet an McKeon (29.05.1947), S. 293/286.

88 UNESCO/342.7 (100): 1 A 02/II, Comité (1947-1952): Ronze an Mayoux (10.06.1947), S. 23/25.

89 UNESCO/342.7 (100): 1 A 02/I, Comité (1947): McKeon an Havet (3.05.1947), S. 197/190.

90 Ebd., Le Senne an Havet (27.04.1947), S. 168/160. Vgl. ebd., 124/117; ebd., Franks an Huxley (19.04.1947), S. 137/130; ebd., Moore an Huxley (21.04.1947), S. 143f/135f; ebd., Lewin an Huxley (23.04.1947), S. 152/144; ebd., Gilson an Huxley (8.05.1947), S. 212/205; ebd., Somerhausen an Havet (14.05.1947), S. 259/252; UNESCO/342.7 (100): 1 A 02/II, Comité (1947-1952): Beneš an Huxley (15.07.1947), S. 94/97.

Qualifikation, sich über die philosophische Begründung der Menschenrechte zu äußern, so Jawaharlal Nehru: „But when you ask me to write something on the subject of human rights, I feel a little diffident. There is no point in my writing unless I can say something worthwhile which has not been said by others. Just to write some pious sentiments will serve little purpose."[91] Auch begründeten persönliche Feindschaften oder schlechte Erfahrungen mit der Unesco eine Absage.[92]

Schließlich wurde das Sekretariat von Aufsätzen, Artikeln und Büchern beeinflusst. H. G. Wells' Veröffentlichungen *The Rights of Man, The Common Sense of War* und die Schrift *The Rights of Man* mit der *Sankey Declaration* wurden Huxley auf eigenen Wunsch von Wells' Frau Marjorie gesandt.[93] Die Grundrechtscharta Indiens, die 1947 verabschiedet und über die in der Zeitung *The Herald Tribune* berichtet worden war, wurde von Huxley angefordert.[94] Huxley empfahl seinem Korrespondenzpartner Carr ein Buch Northrops: „By the way, have you read F.S.C. Northrop's 'Meeting of East and West'? A good deal of it is jargon, but still more is of real importance in my opinion."[95] Zuletzt beeinflussten auch Kommentare in Zeitungen, wer eingeladen wurde. Huxley wandte sich mit folgender Frage an Jean Guehenne, Journalist der französischen Tageszeitung *Le Figaro*: „I was very much interested to read your article in FIGARO of 7th May on the Rights of Man and I wondered whether we might prevail on you to contribute to our symposium on the subject."[96]

Verschiedene Auswahlkriterien lenkten das Sekretariat, als es die Umfrage und das Komitee organisierte. Eine Diskussion über den Begriff „philosophische Begründung" der Menschenrechte und inwieweit der Begriff die Auswahlkriterien bestimmte, fand innerhalb des Sekretariats jedoch nicht statt.

---

[91] UNESCO/342.7 (100): 1 A 02/I, Comité (1947): Nehru an Huxley (14.05.1947), S. 259/252. Vgl. ebd., Moore an Huxley (21.04.1947), S. 143/135.

[92] Ebd., Herriot an Huxley (15.04.1947), S. 123/116; ebd., Curtius an Huxley (22.04.1947), S. 149/141.

[93] Ebd., Wells an Huxley (1.04.1947), S. 87/81.

[94] Ebd., India Adjourns its Assembly to Clarify Issues (3.05.1947), S. 199/192.

[95] Ebd., Huxley an Carr (5.05.1947), S. 207/200.

[96] Ebd., Huxley an Guehenne (23.05.1947), S. 286/279.

2.3. Beziehung zu den Vereinten Nationen

Die Vereinten Nationen umrahmten und lenkten die Untersuchung der Unesco. Die Umfrage verfolgte das Ziel, die UN-Menschenrechtskommission beim Verfassen einer allgemeinen Erklärung der Menschenrechte zu unterstützen; ihr Zeitplan wurde den Sitzungen der Kommission angepasst; die Rechtsabteilung der Unesco wurde zu Beginn des Projekts befragt, ob rechtliche Hindernisse gegen das Projekt sprächen.[97]

Auf welcher vertraglichen Grundlage standen die Beziehungen zwischen den Vereinten Nationen und der Unesco? Im Juni 1946 trafen sich Vertreter der Unesco und der Vereinten Nationen in New York, um ein Kooperationsabkommen zu schließen, das nach Artikel X der Verfassung der Unesco und Artikel 57 der UN-Charta notwendig war. Es trat am 14. Dezember 1946 in Kraft. In Artikel III und VI des Vertrags verpflichteten sich beide Organisationen dazu, Informationen auszutauschen und Repräsentanten der jeweils anderen Organisation zu empfangen. Nach Artikel V und XVI sollte eine enge Kooperation in der Programmgestaltung und in Haushaltsfragen eine effektive Zusammenarbeit zwischen beiden Organisationen gewährleisten. Indem der Wirtschafts- und Sozialrat (ECOSOC) der Vereinten Nationen nach Artikel II jedoch entscheiden sollte, welche Länder der Unesco beitreten dürften, wurden die Vereinten Nationen als Prinzipal gegenüber der Unesco anerkannt. Artikel XX ermöglichte weitere Vereinbarungen, falls sie zur Umsetzung des Abkommens erforderlich würden.[98]

Um die Arbeit der Vereinten Nationen und ihrer Sonderorganisationen abzustimmen, gründete der Generalsekretär der Vereinten Nationen ein Koordinationskomitee, das sich erstmals am 3. Februar 1947 traf und an dem auch Huxley teilnahm. Die Vorbereitungskommission der Unesco bekräftigte in ihrem Bericht, insbesondere mit dem Wirtschafts- und Sozialrat der Ver-

---

[97] UNESCO/Phil./1/1947 + CORR., Memorandum in Human Rights, S. 1; UNESCO/342.7 (100): 1 A 02/I, Comité (1947): Section Juridique (20.01.1947), S. 40/42.

[98] UNESCO/C/28, Agreement between the United Nations and the United Nations Educational, Scientific and Cultural Organisation, 14.01.1947. Vgl. UNESCO/C/Admin. & Jur./S.C.Leg. & Ext.Rel./V.R.1/1946, Legal and External Relations Sub-Commission. Verbatim Record of the First Meeting held on Thursday, 28 November 1946, 7.12.1946, S. 3; Abkommen zwischen den Vereinten Nationen und der Organisation der Vereinten Nationen für Erziehung, Wissenschaft und Kultur, in: Wolfgang Kleinwächter und Falko Raaz (Hrsg.), Die Organisation der Vereinten Nationen für Erziehung, Wissenschaft und Kultur, Berlin 1984, S. 186-211.

einten Nationenzusammenarbeiten zu wollen. Die Rechtsabteilung versicherte, dass einer philosophischen Untersuchung der Menschenrechte keine rechtlichen Hindernisse im Wege stehen würden: „En effet, l'Unesco ayant, avant tout, un rôle de Conseiller des Nations Unies pour les questions relevantes de la culture, de l'éducation et de la science, pourra contribuer utilement aux efforts entrepris par la Commission des Droits de l'Homme."[99] Da jedoch die UN-Menschenrechtskommission eine ähnliche Frage bearbeitete wie die Unesco, sollte ein Übereinkommen zwischen der Unesco und der Menschenrechtskommission nach Artikel XX des Partnerschaftsvertrages geschlossen werden.[100]

Dieser Rat wurde vom Sekretariat nicht aufgegriffen. Wäre dies notwendig gewesen? Kam es zwischen den Vereinten Nationen und der Unesco zu Konflikten? Oder kooperierten beide Organisationen in ihrer Arbeit an einer allgemeinen Erklärung der Menschenrechte?

2.3.1. Sekretariat für Menschenrechte

Die Unesco und die Abteilung „Menschenrechte" des UN-Sekretariats, die von John Humphrey geleitet wurde, besprachen im April 1947 ihre Menschenrechtsprojekte. Humphrey nahm an der zweiten Sitzung des Exekutivkomitees der Unesco vom 10. bis 15. April 1947 teil. Zunächst präsentierte Huxley am 10. April seinen Bericht über die Arbeit der Unesco, in dem er kurz das Projekt „Menschenrechte" erwähnte: „In respect of Humanistic Studies and Philosophy, there was not very much to say. An important point was the collaboration with the United Nations Commission on Human Rights and the possible publication of a volume of excerpts from the answers received to the enquiry conducted in this connection."[101] Dass sich dieses Projekt mit der Arbeit der UN-Menschenrechtskommission überschneiden könnte, war den Mit-

---

99 UNESCO/342.7 (100): 1 A 02/I, Comité (1947): Section Juridique (20.01.1947), S. 40/42.

100 Ebd; UNESCO/C/7, Report of the Preparatory Commission, 4.11.1946, S. 107f; UNESCO/3C/3, Report of the Director-General on the Activities of the Organisation in 1948, 3.11.1948, S. 92.

101 Unesco/Cons.Exec./2eSess./S.R. 1/1947. (rev.), Summary Report of the First Meeting, S. 6.

gliedern des Exekutivkomitees bewusst.[102] Am 12. April 1947 wurde folgendes Programm verabschiedet: „Unesco will obtain from government, national Commissions and individuals contributions towards a modern formulation of human rights with a view to: a. Drafting, with the aid of a small conference of experts, a statement on the subject for the United Nations Commission on Human Rights. b. Promoting the publication of a symposium on the subject."[103]

Humphrey äußerte sich während der gesamten Sitzung nur kurz am 13. April, ohne jedoch die Arbeit der Unesco zu kritisieren: „Prof. Humphrey, Director of the United Nations Rights of Man Division, promised to be brief, as they had a very full Agenda and limited time. He wished to convey the best wishes of his colleagues at Lake Success, especially M. Laugier's. Everyone at the United Nations realised the need for the closest co-operation with the Specialised Agencies and Lake Success was prepared to pursue it to the utmost. Prof. Humphrey himself, during his stay in Paris, had so far played a passive part, but hoped to profit by his visit to establish personal contacts with members of the Secretariat when the session was over. He felt it a privilege to follow the discussions and he would carry back with him to Lakes Success a keen appreciation of the work done by Unesco."[104] In informellen Gesprächen sollten weitere Vereinbarungen getroffen werden.

Während seines Aufenthalts in Paris besprach Humphrey mit dem Sekretariat der Unesco, wann die Eingaben der Unesco die UN-Menschenrechtskommission erreichen sollten und ob es Überschneidungen zwischen dem Unesco-Projekt und der Arbeit der Vereinten Nationen gebe.

---

[102] „M. Seydoux (French deputy for M. P. Auger) proposed that this chapter [Humanistic Studies and Philosophy] should be adopted without discussion but with a small amendment to paragraph 2, Rights of Man, so as to avoid any overlapping with the United Nations. (N.B. M. Seydoux's amendment affected only the French text.)." (Unesco/Cons.Exec./2e.Sess/S.R. 6 (rev.), Executive Board, 1946-1947. Volume 1. Second Session. Summary Report of the Sixth Meeting, held on Saturday, April 12th 1947, 7.05.1947, S. 13). Die Vorlage des Programms fehlt in den Dokumenten des Exekutivkomitees, so dass die Veränderung des Programms nicht nachvollzogen werden kann.

[103] UNESCO, The Programme of Unesco for 1947 (as approved by the Executive Board at its Second Session, 10th to 15th April 1947), in: General Conference. First Session, Paris 1947, S. 275.

[104] Unesco/Cons.Exec./2eSess/S.R. 8/1947 (rev.), Executive Board, 1946-1947. Volume 1. Second Session. Summary Report of the Eighth Meeting, held on Sunday, April 13th 1947, 7.05.1947, S. 1.

Erst im Juli und nicht bereits im Juni sollten die Ergebnisse des Unesco-Komitees an die UN-Menschenrechtskommission übersandt werden, damit sie für das Treffen der UN-Kommission im September in Genf verwendet werden konnten. Für die Unesco bedeutete dies, dass alle Beiträge, die sie vor dem 1. Juni erreichten, für die Arbeit des Komitees verwendet werden konnten. Später erhaltene Beiträge sollten aber für eine geplante Publikation verwendet werden.[105]

Diese Terminfragen waren lange Zeit in der Unesco diskutiert worden. Ursprünglich war der 1. oder 9. Juni als Stichtag von der UN-Kommission vorgegeben worden, den Huxley vergeblich zu verschieben versuchte. Doch da der Wirtschafts- und Sozialrat der Vereinten Nationen länger als geplant über die Zusammensetzung und die Aufgaben eines *Drafting Committees* diskutierte, das einen ersten Entwurf einer Menschenrechtserklärung für die Menschenrechtskommission verfassen sollte, verzögerte sich deren Gründung. Deshalb konnten noch im Sommer 1947 Eingaben an die UN-Menschenrechtskommission gesandt werden.[106]

Überschneidungen zwischen der Arbeit der Unesco und den Vereinten Nationen betrachtete Humphrey als unbedeutend. Huxley berichtete über sein Treffen mit Humphrey: „I should add that I discussed the whole question at length with Professor Humphrey [...] before his departure recently, and after he had investigated Unesco's part in this work at length over a period of days. His conclusion was that, having launched our own enquiry, we should go ahead as proposed, the risk of a possible duplication with the Human Rights Commission of the Economic and Social Council being in fact not serious."[107] Ebenso beurteilte Berkeley die Position Humphreys: „Luckily John Humphrey [...] attended our Executive Board Session in April, and the whole thing was threshed out with him, so that he went away reasonably satisfied

---

105 UNESCO/342.7 (100): 1 A 02/I, Comité (1947): Havet an Huxley (25.04.1947), S. 160/152.

106 Ebd., Havet an Huxley (31.03.1947), S. 74/68; ebd., McKeon an Huxley (17.04.1947), S. 130/123; ebd., Laski an Mayoux (2.09.1947), S. 184/177; ebd., Huxley an Eleanor Roosevelt (12.05.1947), S. 248/241; UNESCO/342.7 (100): 1 A 02/II, Comité (1947-1952): Szladits an Havet (10.10.1947), S. 238/241.

107 UNESCO/342.7 (100): 1 A 02/I, Comité (1947): Huxley an Compton (9.05.1947), S. 221/214.

that what we were doing was not duplicating his own activities."[108] Während die Vereinten Nationen eine Deklaration verfassen und dabei juristische Aspekte berücksichtigen sollten, sollte sich die Unesco auf die philosophischen Grundlagen der Menschenrechte konzentrieren und die UN-Kommission darin beraten.[109]

Doch obwohl Humphrey die Arbeit der Unesco unterstützte und die Sekretariate beider Organisationen eng zusammenarbeiten wollten, lässt sich in den Briefen Huxleys ab Ende April eine Zielverlagerung des Unesco-Projekts erkennen. Während bis dahin die Unterstützung der Vereinten Nationen im Vordergrund gestanden hatte, schrieb Huxley danach der Veröffentlichung des Symposiums größere Bedeutung zu. „With the regard of the Human Rights question, actually I agree very much with you [Herbert Edward Read] that the formulation of a rather abstract 'Declaration' is not particularly important. [...] However, personally, I think that what will be much more important is the possibility of publishing a book which will embody extracts from the contributions of the various writers of all shades of opinion and professional interest, and this, I must confess, will I think be of real value."[110] Huxley erläuterte nicht, warum die Publikation in seinen Augen wachsende Bedeutung erhielt. Denkbar ist aber, dass dafür die zunehmenden ideologischen Spannungen zwischen der Sowjetunion und den Vereinigten Staaten verantwortlich waren, die auch in der UN-Kommission wahrgenommen wurden. Wurden deshalb einer internationalen Menschenrechtsdeklaration nur geringe Aussichten auf Erfolg zugeschrieben, dann waren die Eingaben der Unesco an die Vereinten Nationen nur von geringer Bedeutung.[111]

2.3.2. Menschenrechtskommission

Da die UN-Menschenrechtskommission zur gleichen Zeit tagte, als auch die Unesco ihre Umfrage durchführte, konnte sich aus der Synchronität der

---

108 UNESCO/342.7 (100): 1 A 02/II, Comité (1947-1952): Berkeley an Cowell (19.06.1947), S. 44/46.

109 Ebd.; UNESCO/342.7 (100): 1 A 02/I, Comité (1947): Huxley an McKeon (5.05.1947), S. 182/195.

110 Ebd., Huxley an Read (25.04.1947), S. 161/153. Vgl. ebd., Huxley an Wallace (24.04.1947), S. 158/150; ebd., Huxley an Moore (25.05.1947), S. 164/156; UNESCO/342.7 (100): 1 A 02/II, Comité (1947-1952): Huxley an McKeon (5.05.1947), S. 13/15.

Arbeit beider Organisationen eine Konkurrenzsituation entwickeln. Im Februar 1946 beschloss der Wirtschafts- und Sozialrat der Vereinten Nationen, eine *Nuclear Commission on Human Rights* zu errichten, die eine Menschenrechtskommission vorbereiten und somit Artikel 68 der UN-Charta umsetzen sollte. Die Kommission traf sich im April und Mai desselben Jahres unter der Leitung von Eleanor Roosevelt. Ihr Bericht wurde im Juni im ECOSOC diskutiert, der eine Menschenrechtskommission mit 18 Regierungsvertretern als Mitgliedern gründete, um eine Menschenrechtsdeklaration und -konvention zu erarbeiten. Noch bevor die Unesco ihr Menschenrechtsprojekt initiiert hatte, war über die UN-Kommission bereits entschieden worden; noch bevor das Sekretariat der Unesco begann, die Resolution seiner Generalkonferenz umzusetzen, hatte sich die UN-Kommission im Januar 1947 unter dem Vorsitz Eleanor Roosevelts bereits zu seiner ersten Sitzung konstituiert. Am 9. Juni traf sich ein *Drafting Committee*, das einen Entwurf für eine Menschenrechtsdeklaration erarbeitete, der im Dezember auf dem zweiten Treffen der UN-Menschenrechtskommission in Genf diskutiert wurde. Das Ergebnis des Treffens, eine Deklaration und eine Konvention, wurde den Regierungen übersandt, deren Kommentare auf dem dritten Treffen der Kommission im Juni 1948 diskutiert wurden. Der dritte Ausschuss der UN-Generalversammlung debattierte die daraus resultierende Menschenrechtsdeklaration von September bis Dezember 1948. Sie wurde am 10. Dezember von der Generalversammlung der Vereinten Nationen verabschiedet.[112]

Stand die Menschenrechtsarbeit der Unesco und der UN-Menschenrechtskommission im Frühjahr 1947 tatsächlich in Konkurrenz zueinander? Lediglich dass die Einladungen zum Symposium der Unesco missverständlich waren und mancher Adressat dachte, die Unesco und nicht die Vereinten Nationen verfasse eine internationale Deklaration, könnte Rivalitäten hervorgerufen haben.[113] Vielmehr kennzeichneten jedoch Koordinationsprobleme das Verhältnis beider Institutionen, wie Berkeley im Juni 1947 bemerkte: „I think we did shoot rather fast on this one [the Human Rights Enquiry], and there was certainly a feeling in Lake Success that we were trying

---

[111] Ebd., Berkeley an Cowell (19.06.1947), S. 44/46.
[112] Johnson, The Road to San Francisco, S. 33-38.
[113] UNESCO/342.7 (100): 1 A 02/II, Comité (1947-1952): McKeon an Huxley (4.06.1947), S. 9/11; ebd., Huxley an McKeon (5.05.1947), S. 13/15.

to steal the limelight from the Human Rights Commission."[114] So teilte Huxley erst am 12. Mai 1947 Eleanor Roosevelt ausführlich in einem Schreiben mit, wie die Unesco ihre Umfrage gestalten wolle, während bereits am 10. Februar die Vorsitzende der UN-Kommission einen Brief an Huxley gerichtet hatte. Da jedoch Eleanor Roosevelt spätestens Ende März gebeten worden war, den Stichtag für die Eingaben an die Menschenrechtskommission der Vereinten Nationen zu verschieben, dürfte die Vorsitzende zu diesem Zeitpunkt auch über das Unesco Projekt informiert gewesen sein.[115] Bereits im Januar 1947 war die UN-Menschenrechtskommission informiert worden, und die Mitglieder des *UN Drafting Committee* wurden unterrichtet, als Havet am 9. Juni an seiner Sitzung teilnahm.[116] Unterstützt wurde die Unesco in ihrem Projekt auch von dem US-amerikanischen Außenministerium, dessen Delegierter bei der Unesco im Mai 1947 mitteilte: „The Department of State feels that it is proper for UNESCO to solicit the expression of opinion on human rights from philosophers since it is the Department's understanding that UNESCO's program provides for elucidation of the philosophical basis of the proposed bill of human rights."[117]

Um jedoch zu vermeiden, dass sich die Arbeit der Unesco mit der Arbeit der UN-Menschenrechtskommission überschnitt, sollte das *Comité sur les principes philosophiques des droits de l'homme* nur Beiträge diskutieren, die sich aus philosophischer Sicht mit der Fragestellung beschäftigten. Havet forderte dies explizit, als er zwei Wochen vor dem Treffen an McKeon schrieb: „I rejoice that your point of view is strictly philosophical; not that I think you should feel confined to one 'speciality' but the more general Unesco's statement is, the less there will appear to be a risk of overlapping with the work of the U.N. As you say, most of the contributions have chosen aspects which left the philosophic question more or less untouched, and I am afraid that a part of each essay will have to be put aside, if not for Unesco's

---

[114] Ebd., Berkeley an Cowell (19.06.1947), S. 44/46. Vgl. ebd., Cowell an Berkeley (4.06.1947), S. 10/12.

[115] UNESCO/342.7 (100): 1 A 02/I, Comité (1947): Havet an Huxley (31.03.1947), S. 74/68; ebd., Huxley an Eleanor Roosevelt (12.05.1947), S. 248/241.

[116] Ebd., Havet an McKeon (29.05.1947), S. 293/286; UNESCO/2C/4, Report of the Director-General, S.77; Havet, Ce que l'élite, S. 8.

[117] UNESCO/342.7 (100): 1 A 02/I, Comité (1947): Compton an Huxley (8.05.1947), S. 213/206.

book on the question, at least for its statement to the U.N. Commission, although all are quite interesting."[118]

[118] Ebd., Havet an McKeon (13.05.1947), S. 252/245.

3. Arbeit des Komitees

3.1. Erstes Treffen: Philosophische Grundlagen einer internationalen Erklärung der Menschenrechte

Vom 26. Juni bis 2. Juli 1947 fand das ersten Treffen des *Comité sur les principes philosophiques des droits de l'homme* in Paris statt. Aus Frankreich waren Pierre Auger, Professor für Physik an der Universität Paris und Mitglied der französischen Unesco-Delegation, und Etienne Gilson, Professor für Philosophie und Mitglied der *Académie française*, geladen. Aus Großbritannien waren Edward Hallet Carr, Professor für internationale Politik am *University College* in Wales und Experte für moderne russische Geschichte, und Harold J. Laski, Professor für Politik an der *London School of Economics* und aktives Mitglied der *Labour Party*, anwesend. Aus Belgien reiste Luc Somerhausen an, der das Sekretariat des belgischen Senats leitete und durch sein Buch *L'Humanisme de Karl Marx* bekannt geworden war. Aus den Vereinigten Staaten war Richard McKeon, Dekan der geisteswissenschaftlichen Fakultät der Universität Chicago und Mitglied der US-Delegation bei der Unesco, anwesend. Chung-Shu Lo, Unesco-Berater und Professor für Philosophie in China, war der einzige Vertreter Asiens in dem Komitee. Georges Friedman, Professor am *Conservatoire National des Arts et Métiers* in Paris, war eingeladen, nahm jedoch ebenso wenig teil wie Maciá, der auch bei den folgenden Treffen nicht anwesend war. Somerhausen und Carr nahmen an der letzten Sitzung des Treffens nicht mehr teil, während Gilson nur während der letzten Sitzung anwesend war. Den Vorsitz übernahm Carr, und McKeon wurde zum Berichterstatter ernannt. Neben verschiedenen Vertretern des Unesco-Sekretariats nahm René Cassin als einziger externer Gast an einer Sitzung des Komitees teil. Als Mitglied der UN-Menschenrechtskommission und deren *Drafting Committee* dankte er der Unesco für ihr Projekt: „He was anxious to express the interest he felt for Unesco's undertaking and to give the delegates his encouragement in a task which, as he said, will be most useful to the Commission on the Rights of Man of which he is a member, when it meets at Geneva at the end of August."[119]

---

[119] UNESCO/Phil./8., Report of the First Meeting of the Committee of Experts Convened by Unesco on the Philosophical Principles of the Rights of Man, 31.07.1947, S. 3.

Die Teilnehmer des Treffens sollten die an die Unesco gesendeten Stellungnahmen zur Begründung der Menschenrechte analysieren. Dabei suchten sie einerseits nach Gemeinsamkeiten, die sich in den verschiedenen Begründungsmustern fanden. Andererseits wurden auch die Unterschiede in den Stellungnahmen erarbeitet, wobei der Gegensatz zwischen der liberalen und der marxistischen Menschenrechtsinterpretation besondere Aufmerksamkeit erhalten sollte. Am Ende war eine gemeinsame Stellungnahme des Komitees geplant, um das Ergebnis des Treffens zusammenzufassen. Der Abschlussbericht sollte die UN-Menschenrechtskommission dabei unterstützen, eine allgemeine Erklärung der Menschenrechte zu verfassen.[120]

3.1.1. Diskussion der Menschenrechte im Komitee

Vier Debatten kennzeichneten das Treffen des Komitees.[121] Erstens suchte das Komitee nach einer fundamentalen Grundlage der Menschenrechte und diskutierte deren Ableitung. Von Beginn war das Recht auf Leben als grundlegendes Recht unumstritten. Während zunächst dieses Recht nur festgeschrieben worden war („The right to live, being the condition of all other rights, seems the most absolute and fundamental right"[122]), wurde in der Endfassung das Recht aus zwei Quellen, der Natur des Menschen und seiner

---

120 UNESCO/342.7 (100): 1 A 02/I, Comité (1947): J. Huxley an A. Huxley (2.04.1947), S. 77/71; ebd., Huxley an Levy (9.05.1947), S. 222/215; UNESCO/342.7 (100): 1 A 02/II, Comité (1947-1952): Thomas an Malik (31.01.1952), S. 313/316; ebd., Analyse et classement d'emprunts aux contributions reçues sur le problème philosophique des droits de l'homme (30.06.1947), S. 54/56; UNESCO/Phil./9., Report of the Unesco Committee on the Philosophic Principles of the Rights of Man, Paris, June 26-July 2, 31.07.1947.

121 Die Debatten leite ich aus vier unterschiedlichen Fassungen der Liste der grundlegenden Rechte ab, die das Komitee verfasste. Andere Debatten in den Sitzungen des Komitees können anhand der Quellen nicht mehr nachvollzogen werden. Die erste Liste wurde am 28. Juni 1947 verfasst: UNESCO/342.7 (100): 1 A 02/II, Comité (1947-1952): Commentaire sur quelques Droits Fondamentaux résultant des discussions du Comité de Rédaction et rédigé par M. Le Professeur Carr, Président du Comité, et M. J. Havet, Secrétaire (28.06.1947), S. 57/59-59/61. Die zweite Liste wurde am 30. Juni verfasst: UNESCO/342.7 (100): 1 A 02/II, Comité (1947-1952): Nouvelle Rédaction de quelques Droits Fondamentaux (30.06.1947) S. 55f/57f; der dritten Liste stimmten die Mitglieder des Komitees auf ihrer letzten Sitzung am 2. Juli zu: UNESCO/Phil/10, The Grounds of an International Declaration of Human Rights, 7.07.1947, S. 8-10; die vierte überarbeitete Fassung findet sich unter UNESCO/Phil./10, The Grounds of an International Declaration of Human Rights, 31.07.1947, S. 8-10.

122 UNESCO/342.7 (100): 1 A 02/II, Comité (1947-1952): Commentaire (28.06.1947), S. 57/59.

Bindung an die Gesellschaft, abgeleitet: „The Right to live is the condition and, as it were, the foundation of all other rights. It is the condition of other rights since it is the minimum human right. It is inseparably involved in the very existence of man. But to live is more than barely to exist, and it is therefore the right which makes specific all other rights since they mark the degree of well-being which man may achieve. All rights derive, on the one hand, from the nature of man as such and, on the other, since man depends on man, the stage of development achieved by the social and political groups in which he participates. It is the condition of other rights since it is the minimum human right."[123] Im Laufe der Diskussion verzichteten die Komiteemitglieder darauf, konkrete Gefahren für dieses grundlegende Recht zu erwähnen, etwa die Todesstrafe oder verpflichtenden Militärdienst.

Zweitens erörterte das Komitee, welche Rechte das Individuum gegenüber der Gesellschaft besitze und welche Pflichten es erfüllen müsse. Im Verlauf des Treffens wurde eine Position entwickelt, die das Individuum mehr und mehr vor gesellschaftlichen Eingriffen schützte. Das Recht auf Arbeit wurde mit einem Diskriminierungsverbot verbunden, und der Anspruch auf geregelte rechtliche Verfahren, der Schutz vor illegaler Verhaftung, Folter und ungerechter Strafe wurden ab der dritten Fassung in die Liste integriert. Ebenfalls in der dritten Fassung wurde das Recht *Freedom of Thought and the Right to Free Enquiry* anerkannt.[124] Das Recht auf politische Tätigkeit wurde so verändert, dass es nicht nur die Vereinigungsfreiheit, sondern auch die individuelle Meinungsfreiheit beinhaltete: „Every citizen is entitled, both by voting and by direct participation, to make his contribution to the conduct of public affairs. In pursuance of this aim, he has the right *to express his ideas* [kursiv vom Verfasser] and to form associations for the promotion of his ideas."[125] In der ersten Fassung enthalten und in der zweiten Fassung gestrichen, wurden das Recht auf Widerstand und das Recht auf Staatsbürgerschaft in den dritten und vierten Entwurf wieder integriert.

Dass das Individuum an die demokratischen Regeln des Staates gebunden sein solle, stand für die Teilnehmer des Komitees von Beginn an fest. Das Recht auf politische Tätigkeit, Meinungs-, Versammlungs- und Relig-

---

[123] UNESCO/Phil./10, The Grounds (31.07.1947), S. 8.
[124] Ebd., S. 9.

ionsfreiheit wurden durch einen demokratischen Vorbehalt begrenzt: „Every citizen is entitled, both by voting and by direct participation, to make his contribution to the conduct of public affairs [...] provided that such expression and such associations are not incompatible with the principles of democracy or with the rights of man."[126] Zwar wurde betont, dass sich das Individuum im Rahmen der Gesellschaft besser entwickeln könne, doch Pflichten wurden daraus nicht abgeleitet.[127] Die Pflichten des Individuums wurden vielmehr zunehmend abgeschwächt, da sie nicht mehr explizit in den letzten Fassungen der Liste der Rechte erwähnt wurden und die folgende Passage gestrichen wurde: „It will be understood that the enjoyment of the above social and economic rights is conditioned by the material resources of the society to which the individual belongs, and involves the acceptance by the individual of corresponding obligations to society. Thus the right to work assured to the individual by the society implies the obligation to engage in work useful to the society; the right to maintenance, education, etc... can be enjoyed only in so far as the individual by productive work creates the resources out of which the society can assure the enjoyment of these rights."[128] Carr beklagte diese Änderung, als ihm nach dem Ende des Treffens die Liste der Rechte vorgelegt wurde: „The first and less important of the two changes relates to the formula about the necessity for the individual to accept obligations towards society, or to recognise that society has rights over him. I drafted a formula [...] which had special reference to the social and economic rights. Not only has the formula been whittled away into something extremely vague, but it is buried in the general reflections".[129]

Drittens diskutierte das Komitee, wie die verschiedenen Rechte strukturiert werden sollten. Während des letzten Treffens wurde beschlossen, die

---

125 Ebd., S. 10.

126 UNESCO/342.7 (100): 1 A 02/II, Comité (1947-1952): Commentaire (28.06.1947), S. 58/60.

127 Vgl. die veränderte Fassung des Rechts auf Information in der dritten Fassung: „Every man, *that he may play his part in human society*, has the right to the fullest and most accurate information form all relevant sources." (UNESCO/Phil./10, The Grounds (7.07.1947), S. 9).

128 UNESCO/342.7 (100): 1 A 02/II, Comité (1947-1952): Commentaire (28.06.1947), S. 58/60.

129 Ebd., Carr an Havet (18.07.1947), S. 98/101. Vgl. ebd., McKeon an Havet (25.07.1947), S. 105/108; ebd., Havet an Carr (1.08.1947), S. 133/136.

Rechte in strenger Hierarchie zu ordnen. Deshalb erweiterte man die Gliederung der Rechte, so dass nicht mehr nur die Gruppe der politischen Rechte den wirtschaftlichen und sozialen Rechten folgte. Vielmehr beschloss das Komitee, dass es drei Gruppen von Rechten - streng hierarchisch geordnet - gebe: Zunächst sollen sie das materielle Überleben der Menschen sichern, dann die intellektuelle Entfaltung der Menschen gewährleisten und schließlich ihre politische Mitbestimmung festschreiben. Wie die Rechte innerhalb der Gruppen zu ordnen seien, wurde ebenfalls erörtert. So veränderte das Recht auf Arbeit dreimal seine Stellung. Anfangs erhielt es höchste Priorität, indem es dem Recht auf Leben direkt folgte; später wurde ihm das Recht auf Gesundheit und Unterhalt vorangestellt; schließlich folgte es dem Recht auf Leben und Gesundheit, stand jedoch noch vor dem Recht auf Unterhalt auf Platz vier. Das Recht auf Eigentum gewann während der Debatte an Bedeutung. Zu Beginn lediglich das letzte der wirtschaftlichen und sozialen Rechte, wurde es am Ende der Diskussion zur Gruppe der Rechte gezählt, die unerlässlich für das materielle Überleben der Menschen seien. Wachsende Bedeutung erhielt auch das Recht auf Information, während das Recht auf Teilhabe am Fortschritt von Platz fünf auf den letzten Platz verlagert wurde.

Viertens wurde der Inhalt einzelner Rechte erörtert. Müsse das Recht auf Arbeit damit verbunden werden, auch gerechten Lohn oder einen Mindestlohn zu fordern? Bestimme nur die Quantität oder auch die Qualität der Arbeit den Lohn? Der Gebrauch von Eigentum war ebenfalls umstritten. Während zunächst Eigentum nur dann garantiert wurde, wenn es nicht der Ausbeutung von Menschen diene, wurde später der Besitz von Eigentum gerechtfertigt, wenn er für den persönlichen Gebrauch oder für die Familie notwendig sei. Das Recht auf Bildung wurde ebenfalls diskutiert. Welchem Ziel diene ein Recht auf fundamentale Bildung? Es trage zur Völkerverständigung bei. Wer dürfe weiterführende Bildungseinrichtungen besuchen? Die Gesellschaft entscheide darüber, indem sie die Leistungen der Antragsteller und die Legitimität ihrer Ansprüche überprüfe.

Schließlich wurde das Recht auf Widerstand erörtert. Anfangs in der Liste enthalten, wurde es später gestrichen und erst in der letzten Sitzung wieder aufgenommen. Wann sei Widerstand zulässig? Während zuerst die Gründe inhaltlich nur unscharf genannt wurden - „because he considers that the Government of society is violating the principles of its constitution or because he considers that those principles are incompatible with some higher principles which command his allegiance"[130]- waren es am Ende fundamentale Prinzipien der Gerechtigkeit und die grundlegenden Menschenrechte, die nach Erschöpfung aller friedlichen Mittel Widerstand erlaubten. Sei Widerstand ein politisches oder ein moralisches Recht, und dürfe es als moralisches Recht in einer Deklaration der Menschenrechte erscheinen? Man einigte sich darauf, es als „letztes" Recht zu bezeichnen, „which belongs to the essence of the individual human personality, and which implies a potential incompatibility between the freedom of the individual and his obligations to the society."[131]

3.1.2. Theoretische Grundlagen

Das Komitee stellte der Liste der Rechte eine Einleitung voran, in der die historische Entwicklung der Menschenrechte erläutert wurde.[132] Dabei kennzeichnete eine universalistische Perspektive die Position des Komitees. Den Menschenrechten wurde allgemeine und globale Gültigkeit verliehen. Eine internationale Deklaration der Menschenrechte wurde als Dokument betrachtet, das in Theorie und Praxis nützlich und notwendig sei: „An international declaration of human rights must be the expression of a faith to be maintained no less than a programme of action to be carried out. It is a foundation for convictions universally shared by man."[133] In ihr sollten sich die gemeinsamen Werte der Mitgliedsstaaten der Vereinten Nationen, Friede, Freiheit, Demokratie und Menschenwürde widerspiegeln. Franklin D. Roosevelts Freiheit vor Furcht und Armut war darin ebenso enthalten wie der Zugang zum zivilisatorischen Erbe der Menschheit und der Glaube an Wissenschaft und Kunst. Ziel des Komitees war es, in der heterogenen Meinungsvielfalt, welche die weltweite Diskussion über die Menschenrechte kennzeichnete, auf gemeinsame Positionen zu verweisen und Hindernisse für einen Konsens zu beseitigen. „[T]he Committee is convinced that the philosophic problem involved in a declaration of human rights is not to achieve

[130] Ebd., Commentaire (28.06.1947), S. 59/61.
[131] UNESCO/Phil/10, The Grounds (31.07.1947), S. 10. Vgl. UNESCO/342.7 (100): 1 A 02/II, Comité (1947-1952): Carr an Havet (18.07.1947), S. 98/101.
[132] Für die folgende Darstellung Vgl. UNESCO/Phil./10, The Grounds (31.07.1947).
[133] Ebd., S. 1.

doctrinal consensus but rather to achieve agreement concerning rights, and also concerning action in the realisation and defense of rights, which may be justified on highly divergent doctrinal grounds. The Committee's discussion therefore [...] was intended, not to set up an intellectual structure to reduce them to a single formulation, but rather to discover the intellectual means to secure agreement concerning fundamental rights and to remove difficulties in their implementation such as might stem from intellectual differences."[134] Der Rechtsbegriff erhielt dabei zentrale Bedeutung, denn wenn Menschen in einem Rechtsstaat lebten, dann könnten sie sich optimal entwickeln. Diese universalistische Perspektive ließ das Komitee nach einem fundamentalen Recht, dem Recht auf Leben, suchen, das unbegrenzt gültig sei und von dem sich alle anderen Rechte ableiteten.

Menschenrechte dienten dazu, dass sich ihre Rechtsträger als Individuen, als Bürger eines Landes und auch als Weltbürger entwickeln könnten, aber auch um sich als Bestandteil der nationalen Gesellschaften und der internationalen Gemeinschaft zu entfalten. Die Menschenrechte sollten daher nicht nur das Individuum schützen, sondern es auch in die Gesellschaft integrieren: „These rights, the Unesco Committee on the Philosophic Principles of Human Rights is convinced are of fundamental importance not only to the enrichment of the human spirit but of the development of national cultures and international co-operation."[135] Indem das Komitee den Begriff „Freiheit" nicht nur in seiner negativen Konnotation als Schutz vor dem Staat interpretierte, sondern ihn auch als positives Teilhaberecht auslegte, unterstrich es diese Position. Menschenrechte könnten sich nur im Wechselspiel zwischen individueller Freiheit und gesellschaftlicher Einbindung erfüllen.

Eine historische Perspektive lenkte das Komitee, als es die Struktur und die Hierarchie der Rechte ableitete. Über die philosophischen Grundlagen der Menschenrechte existiere eine langandauernde weltweite Debatte in der Geschichte der Menschheit. Demgegenüber stehe jedoch eine relative kurze Geschichte der Menschenrechtsdeklarationen, deren Ursprung in der westlichen Moderne zu suchen sei. In dieser Tradition seien zunächst die zivilen und politischen Rechte im 18. Jahrhundert entstanden. Im 19. Jahrhundert

[134] Ebd., S. 5.
[135] Ebd., S. 11.

seien die wirtschaftlichen und sozialen Rechte, die sich aus dem Eigentumsrecht entwickelt hätten, als Menschenrechte anerkannt worden. Aus der Frage nach der sozialen Bindung des Eigentums und dem Verhältnis zwischen privatem Eigentum und sozialer Verantwortung habe sich das Recht auf Arbeit und Bildung, auf Gesundheit und Teilhabe am Fortschritt abgeleitet. Schließlich habe der technische Fortschritt die Freiheit der Wissenschaft und das Recht auf künstlerische Ausdrucksmöglichkeit gefördert.

Die historische Perspektive des Komitees prägte die Liste der Rechte. Sie bestimmte die Hierarchie der Rechte: „[T]hose [rights] which have been made possible by the most recent advances of knowledge and technology and by institutions of the agencies of the United Nations have assumed priority over, and have affected, the conception of earlier rights, for the new rights have not only been added [...], but they have made also clear the full sense of older rights and have made them universally practicable."[136]

Sie begründete die präzise Formulierung und den Schutz der Menschenrechte vor ihrem Missbrauch: „It [the extension of human rights] has sometimes rendered rights vague, and it has even perverted what had been conceived as rights to sources of abuse against the fundamental rights of other men."[137] Diese historische Perspektive bedingte die Stellung einzelner Rechte, wie etwa die zentrale Stellung des Rechts auf Eigentum.

Außerdem kennzeichnete das Vertrauen in Fortschritt und Wissenschaft die Position des Komitees. Nicht nur seien die Möglichkeiten der Menschen in der Gegenwart größer als jemals zuvor, auch ließen neue philosophische Erkenntnisse darauf hoffen, die Idee der Menschenrechte zu sichern und zu verbreiten. Deshalb schlug das Komitee vor, seine Arbeit gemeinsam mit den Vereinten Nationen fortzusetzen, unterschiedliche Interpretationen des Rechtsbegriffes zu analysieren und die bisherigen Ergebnisse des Treffens zu veröffentlichen. „Such a study should be undertaken, however, only if it is seen to contribute to the formulation and implementation of the Declaration of Human Rights which is in progress of preparation by the Commission on Human Rights."[138]

---

[136] Ebd., S. 7.
[137] Ebd.
[138] Ebd., S. 11. Vgl. UNESCO/Phil./9., Report of the Unesco Committee.

Dass das Komitee die Menschenrechte aus einer universalistischen und historischen Perspektive betrachtete, dass es das Individuum als Teil der Gesellschaft sah und dass es vom Vertrauen in Wissenschaft und Fortschritt gelenkt wurde, schloss jedoch Unterschiede in den theoretischen Überzeugungen seiner Mitglieder nicht aus. Ohne vielfältige Übereinstimmungen zu leugnen, doch auch um den Eindruck absoluter Übereinstimmung zu vermeiden, wurde folgende Formulierung in den Bericht aufgenommen: „While the Committee approved of this report as a general statement of its agreements, it does not necessarily represent in detail the individual opinions of all members of the Committee."[139] Unterschiedliche Positionen prägten die Diskussion darüber, welche Rechte aus dem Freiheitsbegriff abgeleitet werden könnten und ob die Rechte der Menschen an materielle Bedingungen gebunden seien. Lo plädierte dafür, den Freiheitsbegriff und die abgeleiteten Rechte eng zu fassen; Carr forderte, die materiellen Bedingungen der Menschenrechte stärker zu betonen.[140]

3.1.3. Einflussfaktoren

In den Diskussionen des Komitees spielten die politischen und philosophischen Positionen seiner Mitglieder eine bedeutende Rolle. In ihren Beiträgen für das Symposium spiegelte sich die theoretische Grundlage des Komitees wider. Carr verwendete historische Argumente, um seine Position zu entwickeln. Indem er auf die russische Revolution verwies und indem er die vier Freiheiten Roosevelts anführte, leitete er seine Forderung nach liberalen und politischen Rechten, aber auch nach wirtschaftlichen und sozialen Rechten ab. Aus den Erfahrungen nationalsozialistischer Politik entwickelte er seine Konzeption des Widerstandsrechts, das er nicht als politisches, sondern vielmehr als moralisches Recht betrachtete: „This is a moral right or a right of conscience and has nothing to do with the question of setting up another government. For instance, it seems to me that Pastor Niemöller had a right to resist the Nazi government [...], quite independently of whether he

---

139 UNESCO/Phil./9., Report of the Unesco Committee, S. 1. Vgl. UNESCO/342.7 (100): 1 A 02/II, Comité (1947-1952): Carr an Havet (18.07.1947), S. 98/101; ebd., McKeon an Havet (25.07.1947), S. 106/109.

140 Somerhausen, Le problème philosophique, S. 291; UNESCO/342.7 (100): 1 A 02/II, Comité (1947-1952): Carr an Havet (18.07.1947), S. 98/101.

had any programme for setting up an alternative government."[141] Carr betonte, dass eine Erklärung der Rechte auch eine Erklärung der Pflichten erfordere, dass sich eine passive Anerkennung der politischen Rechte und eine aktive Teilhabe am gesellschaftlichen Leben wechselseitig bedingten. Auch der Glaube an wissenschaftlichen Fortschritt fand sich in seinem Beitrag. Jede gegenwärtige Erklärung der Menschenrechte habe nur vorübergehenden Charakter, denn weitere Umfragen verbesserten Einsicht und Erkenntnis in die philosophischen Grundlagen der Menschenrechte.[142]

Für Laski erfüllte eine Deklaration der Menschenrechte nur dann ihre Aufgabe, wenn sie universale Gültigkeit besitze und gemeinsame Positionen aus einer heterogenen Vielfalt philosophischer Interpretationen extrahiere: „[T]he issue of a Declaration of Rights would be a grave error of judgement unless it set out deliberately to unify, and not to separate, men in their different political societies. It must, therefore, emphasize the identities, and not the differences, in the competing social philosophies which now arouse such passionate discussion."[143] Rückblickend auf die Geschichte der Menschenrechtsdeklarationen müssten ihre westlich-protestantischen Grundlagen berücksichtigt und problematisiert werden, ohne dass jedoch die Idee der Menschenrechte ihre universale Gültigkeit verliere. „It is difficult, moreover, to avoid the conclusion that was aptly formulated by Marx when he said that 'the ruling ideas of an age are the ideas of its ruling class'. From that conclusion it follows that, historically previous declarations of rights have in fact been attempts to give special sanctity to rights which some given ruling class at some given time in the life of a political society it controlled felt to be of peculiar importance to the members of that class."[144] Wenn deshalb Lehren aus der Vergangenheit gezogen und soziale Gerechtigkeit erreicht werden sollten, dann müssten alle Bürger den gleichen Anspruch auf die gesellschaftlichen Ressourcen haben und dann dürfe eine unterschiedliche Verteilung des Wohlstandes nur gerechtfertigt sein, wenn sie dem Wohl der Gemeinschaft diene. Laskis Forderung, die Produktionsverhältnisse weitgehend umzuge-

---

141 Ebd., Carr an Havet (18.07.1947), S. 98/101.

142 Edward Hallet Carr, The Rights of Man, in: Human Rights. Comments and Interpretations. A Symposium edited by Unesco with an Introduction by Jacques Maritain, London und New York 1949, S. 19-23.

143 Harold J. Laski, Towards a Universal Declaration of Human Rights, in: ebd., S. 84.

stalten, entsprach das Komitee in seiner Stellungnahme nicht. Doch erhielten die Rechte, die die materiellen Grundlagen der Menschen sichern sollten, zentrale Bedeutung in der Liste fundamentaler Rechte.[145]

Auch für Lo waren Menschenrechte universale Rechte. Selbst wenn der Begriff „Recht" aus der westlichen Philosophie übernommen worden wäre, so seien die Menschenrechte dennoch in der chinesischen Tradition verankert und könnten deshalb allgemeine Gültigkeit beanspruchen: „There was no open declaration of human rights in China, either by individual thinkers or by political constitutions, until this conception was introduced from the West. In fact, the early translators of Western political philosophy found it difficult to arrive at a Chinese equivalent for the term 'rights'. [...] This of course does not mean that the Chinese never claimed human rights or enjoyed the basic rights of man. In fact, the idea of human rights developed very early in China, and the right of the people to revolt against oppressive rulers was very early established."[146] Lo betonte die wechselseitigen Pflichten zwischen Individuum und Gesellschaft, indem er auf die Lehre des Konfuzius verwies und sie als Grundlage gesellschaftlichen Zusammenlebens bezeichnete.[147]

Für die universale Gültigkeit der Menschenrechte plädierte auch McKeon. Wie die Charta der Vereinten Nationen, so müsse auch eine allgemeine Erklärung der Menschenrechte internationale Gültigkeit besitzen, die durch einen Weltgerichtshof, eine internationale Gesundheits- und Nahrungsversorgung und eine internationale Informationsordnung gesichert werden solle. Unabhängig von philosophischen Gegensätzen könnten die Menschenrechte praktisch realisiert werden. Indem McKeon die Geschichte der philosophischen Begründungen der Menschenrechte von ihrer rechtlichen Fixierung trennte, zeigte er in einem historischen Rückblick, dass man sich über deren Schutz einigen könne. Der Fortschritt der Wissenschaft trage schließlich zu internationaler Verständigung bei: „The advance of science gives promise for completely transforming the conditions by which the welfare of man is secured, and the extension of information and knowledge may lead

---

144 Ebd., S. 86.
145 Ebd., S. 90f.
146 Chung-Shu Lo, Human Rights in the Chinese Tradition, in: Human Rights (1949), S. 186.
147 Ebd., S. 197.

to mutual understanding and even to the removal of conflict found in the basic assumptions of groups, cultures and nations."[148]

Somerhausen gründete seine Position auf Marx' Theorie der Entfremdung und leitete davon seine Forderung nach einer Gesellschaft ab, in der das Individuum in eine Gemeinschaft Gleicher eingebunden sei. „Il est caractéristique que tout ce qui s'exprime depuis un siècle sur la dignité humaine et plus particulièrement dans la période actuelle a été énoncé par Marx notamment dans sa fameuse théorie des aliénations; la société, dit-il, est la consubstantialité de l'homme avec la nature, l'homme doit pouvoir produire librement, il doit pouvoir jouir de ses œuvres, vivre en communion avec les autres hommes et en harmonie avec lui-même. [...] [L]a notion de la précarité et de l'inefficacité relative des déclarations de droits quand elles ne visent que 'l'homme égoïste', tel qu'il existe dans une société basée sur la recherche du profit, l'homme séparé de la communauté, replié sur lui-même, uniquement préoccupé de son intérêt personnel et obéissant à son arbitraire privé."[149] Nicht nur solle das Individuum vor der Gesellschaft geschützt werden, vielmehr müsse es in gesellschaftliche Institutionen eingebunden werden, die es vor Entfremdung schützten.[150]

Auger und Gilson verfassten keine Beiträge für das Symposium, doch besonders Augers Einfluss auf die Arbeit des Komitees darf nicht unterschätzt werden. Während Gilson nur an der letzten Sitzung des ersten Treffens teilnahm, war Auger immer anwesend, und seine Änderungswünsche für die Endredaktion der Liste der Rechte wurden vollständig berücksichtigt. So bemerkte Havet über die Nachbereitung: „You will notice that very few alterations were suggested by the members of the Committee. The most important is that concerning the place of the right to work and to own property, which came from Mr. Auger."[151]

---

148 Richard McKeon, The Philosophic Bases and Material Circumstances of the Rights of Man, in: Ebd., S. 40. Vgl. ebd., S. 36 und 44.

149 Luc Somerhausen, État présent de la question des droits de l'homme, in: Autour de la Nouvelle Déclaration des Droits de l'Homme. Textes réunis par l'U.N.E.S.C.O., Paris 1949, S. 30.

150 Ebd., S. 31.

151 UNESCO/342.7 (100): 1 A 02/II, Comité (1947-1952): Havet an Laski (31.07.1947), S. 126/129. Zur Anwesenheit der Komiteemitglieder in den verschiedenen Sitzungen vgl. ebd., McKeon an Havet (25.07.1947), S. 105/108; UNESCO/Phil./8, Report of the First Meeting of the Committee of Experts.

Neben den politischen und philosophischen Standpunkten der Mitglieder war ihre Anwesenheit während der Sitzungen von Bedeutung. Sowohl Somerhausen als auch Carr nahmen an der letzten Sitzung des Treffens nicht teil. So waren beide über den Bericht der letzten Sitzung überrascht, in dem sie Änderungen an der Liste der Rechte erkannten, denen sie nicht zugestimmt hatten. Somerhausen beharrte jedoch nicht auf seinen Änderungswünschen. „Les 30 juin et 1 juillet il avait été décidé de commun accord de supprimer les droits de grève et de rébellion comme ne correspondent pas à des droits fondamentaux. Le droit de grève a été omis par le professeur McKeon mais le droit de rébellion a été réintroduit dans une forme atténuée. Il est fort possible d'ailleurs qu'on en ait décidé ainsi à la dernière réunion à laquelle je n'ai pas assisté. Ici encore le fait n'est pas important et je me borne à y attirer votre attention."[152] Carr jedoch forderte, dass seine Änderungswünsche in den Text eingefügt würden. Sie betrafen das Recht auf Widerstand sowie die Vorstellung, Rechte sollten immer an die materiellen Bedingungen der Gesellschaft gebunden sein. Keine dieser Forderungen wurde jedoch berücksichtigt, sondern nur sein Wunsch aufgegriffen, dass der Text nicht die individuellen Meinungen der Autoren widerspiegle.[153]

Auch Personen, die nicht Mitglieder des Komitees waren, beeinflussten dessen Arbeit. Am 30. Juni 1947 verfasste Maheu einen Aufsatz über das Recht auf Information, der dem Komitee übergeben wurde. Darin unterschied er zwischen dem Recht auf Information und dem Recht auf freie Meinungsäußerung. Während das erste Recht grundlegend für jede Demokratie sei, diene die Meinungsfreiheit der praktischen Umsetzung demokratischer Prinzipien. Deshalb hänge seine Ausgestaltung davon ab, in welcher konkreten historischen Situation es angewandt werde.[154] Ausgehend von diesem Auf-

---

152 UNESCO/342.7 (100): 1 A 02/II, Comité (1947-1952): Somerhausen an Havet (26.07.1947), S. 107f/110f.

153 Ebd., Carr an Havet (18.07.1947), S. 98/101.

154 „Il convient, je crois, de distinguer: a - un droit premier et absolu à l'information ou connaissance des faits. b - un droit second et relatif d'expression d'opinion. [...] Le premier droit fait partie de l'axiomatique de la Démocratie, au même titre que le droit à l'éducation, dont il est le prolongement naturel. Aussi est-il comme celui-ci, fondamental et inconditionnel. Il n'en va pas du même du droit d'expression d'opinion. Ce droit fait partie de l'exercice de la Démocratie et non de ses conditions de principe. Il participe donc dans une certaine mesure du relativisme historico-sociologique où s'inscrit toute réalité politique concrète." (Ebd., René Maheu, Droit à l'information et

satz verfasste Maheu einen Beitrag für die Publikation des Komitees, wobei jedoch mindestens ebenso wichtig seine Wirkung auf die unmittelbare Arbeit des Komitees war. Während in dem Entwurf der fundamentalen Menschenrechte vom 30. Juni das Recht auf Information hinter dem Recht auf Meinungsfreiheit stand, veränderte sich im dritten Entwurf die Hierarchie. Nun stand das Recht auf Information nicht nur vor der Meinungsfreiheit, sondern galt zudem als Recht, das grundlegend für die intellektuelle Entwicklung der Menschen erforderlich und nicht mehr lediglich für die politische Mitbestimmung nötig sei.[155]

Die Vereinten Nationen wirkten ebenfalls auf das Komitee ein. Da der Bericht der Unesco Ende Juli an die Menschenrechtskommission der Vereinten Nationen gesandt werden sollte, war die Zeit für nachträgliche Korrekturen und Verbesserungen begrenzt.[156]

Auch Übersetzungsprobleme des Berichts könnten die Komiteemitglieder beeinflusst haben, wenn sie ihn nicht in der Originalsprache lasen. Bevor Havet den Bericht des Komitees zur Korrektur an die Mitglieder versandte, wurde er von ihm übersetzt. Dabei unterlief ihm ein Fehler, auf den ihn Gilson hinwies und für den sich Havet entschuldigte: „Pour la traduction je vous [Gilson] suis très reconnaissant des remarques que vous me faites, et dont je vais tirer parti. Etant beaucoup plus habitué aux traductions des textes littéraires qu'à celles des documents officiels, j'avais craint de trop m'écarter du texte, et je suis particulièrement heureux que vous me conviez à plus d'audace. Je suis navré de ce contre-sens sur 'eventually' lapsus du naturellement à la hâte avec laquelle j'ai procédé à ce travail."[157]

Und nicht nur durch Übersetzungen wirkte das Sekretariat auf das Komitee ein. Indem den Teilnehmern das Memorandum *The Rights of Man* vom 27. März zugänglich war, könnte es die Positionen der Mitglieder beeinflusst haben. Sowohl das Memorandum als auch die theoretischen Grundlagen des

---

droit d'expression d'opinion (30.06.1947), S. 57/59). Vgl. René Maheu, Droit à l'information et droit d'expression d'opinion, in: Autour de la Nouvelle Déclaration, S. 182-185.

155 UNESCO/342.7 (100): 1 A 02/II, Comité (1947-1952): Nouvelle Rédaction (30.06.1947), S. 56/58; UNESCO/Phil./10, The Grounds (07.07.1947), S. 9f.

156 UNESCO/342.7 (100): 1 A 02/II, Comité (1947-1952): Elkin an Huxley (ohne Datum), S. 44/46; ebd., Havet an Auger (10.07.1947), S. 70/73; ebd., Havet an Friedmann (19.08.1947), S. 145/148.

Komitees kennzeichneten eine universalistische und historische Argumentation. Auch indem Havet die Tagesordnung und den Arbeitsplan für das Treffen vorgab, lenkte das Sekretariat die Debatten des Komitees.[158]

Schließlich beeinflussten die Beiträge, welche die Unesco von verschiedenen Persönlichkeiten aus aller Welt erhalten hatte und die von den Komiteemitgliedern analysiert werden sollten, die Arbeit des Komitees. Sie sollten in einem Buch zusammengefasst und veröffentlicht werden, weshalb weitere Treffen des Komitees notwendig waren. Am 31. Juli wurde der Abschlussbericht an die Komiteemitglieder gesandt, am 1. August an die UN-Menschenrechtskommission und das *Department for Social Affairs* des UN-Sekretariats. Weitere Exemplare erhielten diejenigen Personen, die einen Beitrag für die Umfrage verfasst hatten.[159] Wer beteiligte sich an der Umfrage? Welche Positionen wurden vertreten? Bestehen Gemeinsamkeiten zwischen dem Bericht des Komitees und den Beiträgen oder dominieren abweichende Auffassungen?

3.2. Zweites und drittes Treffen: Publikation

Während des zweiten Treffens, das vom 24. bis 26. September 1947 in Paris stattfand, wählten die Komiteemitglieder verschiedene Beiträge der Umfrage aus, um sie in einem ersten Manuskript zusammenzufassen. Dieses erste Konzept wurde auf dem dritten Treffen, vom 6. bis 9. Juli 1948, noch einmal diskutiert und schließlich zur Veröffentlichung freigegeben.[160] Neben Fragen der Publikation war während des zweiten Treffens im September 1947 geplant, dass Mitglieder des Komitees an der Debatte des *Committee of Experts on Philosophy and Humanistic Studies* der Unesco teilnehmen soll-

---

157 Ebd., Havet an Gilson (23.07.1947), S. 104/107.

158 UNESCO/Phil./1/1947 + CORR, Memorandum on Human Rights; UNESCO/Phil./10, The Grounds (31.07.1947); UNESCO/342.7 (100): 1 A 02/II, Comité (1947-1952): Enquiry on Human Rights (ohne Datum), S. 24/26; ebd., Analyse et classement d'emprunts aux contributions reçues sur le problème philosophique des droits de l'homme (30.06.1947), S. 54f/56f.

159 Ebd., Havet an Laski (31.07.1947), S. 126/129; ebd., Huxley an Laugier (1.08.1947), S. 143/146; ebd., (ohne Titel) (25.08.1947), S. 152/155; ebd., (ohne Titel) (25.08.1947), S. 154/157; ebd., Havet an Webb (17.09.1947), S. 216/219.

160 UNESCO/2C/35, Report of the Second Meeting of the Editorial and Publication Committee of the philosophic principles of human rights, 5.10.1947; UNESCO/PHS/6, Report of the Meeting of the Editorial and Publication Committee of the Philosophic Principles of Human Rights, July 6 - 9, 1948, 15.07.1948.

ten, um ihr Projekt vorzustellen, und dass das Komitee einen Bericht für die Generalkonferenz der Unesco im November und Dezember 1947 in Mexiko verfassen sollte. McKeon nahm als Einziger an der Sitzung des *Committee of Experts on Philosophy and Humanistic Studies* teil und war deshalb nicht immer im gleichzeitig tagenden Menschenrechtskomitee anwesend. Auf der Generalkonferenz in Mexiko wurden die Berichte des ersten und zweiten Treffens verteilt.[161]

Zwischen dem zweiten und dritten Treffen suchte Havet nach weiteren Beiträgen für die Publikation. Neben Hersch Lauterpacht bat er auch Jean-Paul Sartre um eine Stellungnahme: „Il y a trois mois, lorsque vous étiez à Rome, je m'étais permis de vous envoyer par l'intermédiaire de M. Merleau-Ponty, un document que le Dr. Huxley avait rédigé pour ouvrir une enquête sur les principes généraux des Droits de l'Homme. [...] A la suite de notre conversation de l'autre jour, je me permets de vous renvoyer ce papier, en espérant que vous voudrez bien, je ne dis pas y répondre en vous soumettant trop étroitement à son cadre, mais réagir à sa lecture."[162] Auch erreichten das Komitee verspätete Beiträge, und manche Autoren, wie Jacques Maritain, überarbeiteten ihre Stellungnahmen.[163]

3.2.1. Diskussion der Menschenrechte in den Beiträgen

Während der ersten Sitzung des Komitees lagen 44 Beiträge vor, davon kamen 24 aus Europa und zwölf aus den Vereinigten Staaten, drei aus Indien und zwei aus Australien. Aus der Sowjetunion und China, aus Südafrika und Kanada erreichte das Komitee jeweils eine Stellungnahme.[164]

---

161 UNESCO/342.7 (100): 1 A 02/II, Comité (1947-1952): Thomas an McKeon (28.08.1947), S. 164/167; ebd., Mayoux an McKeon (29.08.1947), S. 166/169; ebd., Mayoux an Auger (29.08.1947), S. 167/170; ebd., Havet an Laski (25.09.1947), S. 230/232; ebd., Havet an Somerhausen (ohne Datum) 258/261; UNESCO/2C/35, Report of the Editorial and Publication Committee.

162 UNESCO/342.7 (100): 1 A 02/II, Comité (1947-1952): Havet an Sartre (ohne Datum), S. 159/162.

163 Ebd., McKeon an Havet (25.07.1947), S. 105/108; ebd., Barnes an Huxley (27.07.1947), S. 110/113; ebd., Carr an Unesco (18.09.1947), S. 150/153; ebd., Mayoux an Laski (29.08.1947), S. 168/171; UNESCO/Phil./5/1947, Maritain, Jacques, Communications with regard to the Draft Declaration on the Rights of Man, 18.06.1947; Jacques Maritain, Sur la philosophie des Droits de l'Homme, in: Autour de la Nouvelle Déclaration, S. 63-67.

164 UNESCO/Phil./10, The Grounds (31.07.1947), S. 4.

Die universale Gültigkeit der Menschenrechte wurde von vielen Autoren gefordert, so von Humayun Kabir: „The first and most significant consideration in framing any charter of human rights today is that it must be on a global scale. [...] The second consideration is that not only must there be uniformity between countries but also uniformity within countries. [...] A charter of human rights today must therefore be based on the recognition of the equal claims of all individuals within one common world."[165] F. S. C. Northrop betonte, dass eine internationale Erklärung der Menschenrechte sowohl die kulturelle Vielfalt der Welt sichern als auch Verfahren garantieren müsse, die die ideologischen Gegensätze in der Interpretation der Menschenrechte überwänden und den Frieden bewahrten.[166]

Um die Menschenrechte weltweit zu garantieren, wurden wirksame internationale Organisationen gefordert, seien es bereits existierende Institutionen wie die Vereinten Nationen oder ein noch zu gründender internationaler Gerichtshof. Peter Skov forderte in seinem Beitrag: „It is, therefore, perfectly logical to introduce the formula of these rights into a document of universal validity, in order that the observance of such rights may be safeguarded by an international body. [...] [I]t is particularly important that the peoples should feel that the world organisation is defending their rights against their national governments. Nothing would strengthen the authority of such an organisation so much as the conviction on the part of the oppressed peoples that they had only to appeal to it for oppression to cease. Accordingly, individuals whose fundamental rights are violated, should be given every opportunity to sue their government."[167] Rajani Palme Dutt vertrat diese Position ebenso wie Arnold J. Lien.[168]

Dass man sich trotz der heterogenen Vielfalt philosophischer Menschenrechtsbegründungen auf eine politische Deklaration einigen könne, hob

---

165 Humayun Kabir, Human Rights, The Islamic Tradition and the Problem of the World Today, in: Human Rights (1949), S. 191.

166 F. S. C. Northrop, Towards a Bill of Rights for the United Nations, in: Ebd., S. 183f.

167 UNESCO/Phil./6/1947, Skov, Peter, Remarks on a New Declaration of the Rights of Man, 19.06.1947, S. 3f.

168 R. Palme Dutt, Contribution to Discussion of Declaration on Human Rights, in: UNESCO/342.7 (100): 1 A 02/I, Comité sur les principes philosophiques des droits de l'homme. Part I up to 31 May 1947, 1947, S. 231/224; Arnold J. Lien, A Fragment of Thought concerning the Nature and Fulfilment of Human Rights, in: Human Rights (1949), S. 26. Vgl. Kabir, Human Rights - The Islamic Tradition, S. 194.

Jacques Maritain in seinem Beitrag vom 18. Juni 1947 hervor: „It seems to me eminently desirable to formulate a World Declaration of the Rights of Man which would be, as it were, the moral charter of the civilised world, but it seems clear that, while practical agreement in regard to such a Declaration is possible, theoretical agreement is impossible. Owing to the historical development of mankind and to ever widening crises in the modern world, and to the advance, however, precarious, of moral conscience and of reflection, men have to-day become conscious, more fully than before, though still to a very imperfect extent of a number of practical truths regarding their life in common upon they can agree, but which derive from the thought of each of them individually - depending upon their schools of thought, their philosophical and religious traditions, their area of civilisation and their historical experience - from extremely different, or even fundamentally opposed, theoretical conceptions."[169] Rajani Palme Dutt wies darauf hin, dass trotz unterschiedlicher politischer Ziele und philosophischer Interpretationen, die die Diskussion über die Menschenrechte prägten, man sich auf eine Deklaration der Menschenrechte einigen könne. Denn Demokratie, Friede und Freiheit der Völker seien Prinzipen, denen eine Deklaration diene und denen alle Menschen zustimmen könnten.[170] Die Beiträge von Sergius Hessen, John Sommerville und Boris Tchechko, die das Komitee erst nach der ersten Sitzung erhielt, zeichneten sich durch ihr Plädoyer für eine Vereinigung liberaler und kommunistischer Positionen aus. Sie knüpften damit an die Hoffnung Huxleys an, der im April 1947 das Ziel der Umfrage kommentierte: „Our chief endeavour will be to see whether there is any possible bridge between developments of the western individualist conception of the Rights of Man, and those of the Russian Marxist or Communist conception."[171]

---

[169] UNESCO/Phil./5/1947, Maritain, S. 1. Der Beitrag Maritains *Sur la philosophie des Droits de l'homme* in dem Buch *Autour de la Nouvelle Déclaration des Droits de l'Homme* ist eine überarbeitete Fassung der Stellungnahme, die dem Komitee bereits in ihrer ersten Sitzung vorlag. Der erste Beitrag ist nur in englischer Übersetzung erhalten.

[170] Palme Dutt, Contribution, S. 234ff/227ff.

[171] UNESCO/342.7 (100): 1 A 02/I, Comité (1947): J. Huxley an A. Huxley (2.04.1947), S. 77/71. Vgl. Sergius Hessen, The Rights of Man in Liberalism, Socialism and Communism, in: Human Rights (1949), S. 142; John Sommerville, Comparison of the Soviet and Western Democratic Principles, with Special Reference to Human Rights, in: Hu-

Geleitet von einer universalen Perspektive suchten einige Autoren nach einem fundamentalen Recht, von dem sich alle anderen Menschenrechte ableiten ließen. Don Salvador de Madariaga kam dabei zu einem ähnlichen Ergebnis wie das Komitee: „[T]he door remains open for some kind of compromise or common ground of all doctrines [...]. All we need is the agreement of both [atheisms and religion] on the principle that every individual human being is a singular and precious unit of life with a fate of his own, and with rights and duties towards himself. [...] This conclusion leads us to the first political right of man: that of freedom to live and learn in his own way."[172] Jean Haesaert hob das Recht jedes Menschen hervor, seine Persönlichkeit physisch und moralisch zu entwickeln, so weit dies im Rahmen der gesellschaftlichen Bedürfnisse möglich sei.[173] Lien leitete aus dem grundlegenden Recht persönlicher Selbstentfaltung eine Hierarchie der Rechte ab, die sich auf ähnliche Weise in dem Bericht des Komitees wiederfand: „Within each State, what every individual is entitled to first is an opportunity for the development of a sound, healthy body and mind, a safeguarded heritage, adequate food, shelter and clothing, physical education, medical care, and all the other indispensables. He must have the opportunity to get the training and the guidance to enable him to earn a living through productive activity and to ensure a modicum of security against old age and misfortune. [...] Another cornerstone in the basic rights of man is the right to a status of equality with all the other individuals who are citizens of the same State."[174] Wie wurden die fundamentalen Rechte begründet? Skov griff dabei auf die Natur des Menschen zurück, die bestimmte Rechte impliziere, ohne die keine politische und gesellschaftliche Ordnung zufrieden stellend sei. Maritain rechtfertigte die Menschenrechte ebenfalls naturrechtlich, gründete seinen Anspruch jedoch auf metaphysisch-religiöse Erkenntnisse. Während das Komitee der Unesco die

man Rights (1949), S. 152; Boris Tchechko, La conception des Droits de l'Homme en U.R.S.S. d'après les textes officiels, in: Autour de la Nouvelle Déclaration, S. 131.

172 Don Salvador de Madariaga, Rights of Man or Human Relations?, in: Human Rights (1949), S. 48f.

173 Jean Haesaert, Réflexions sur quelques déclarations des Droits de l'Homme, in: Autour de la Nouvelle Déclaration, S. 86.

174 Lien, A Fragment of Thought, S. 27.

Menschenrechte ebenfalls von der Natur des Menschen ableitete, fanden sich jedoch keine metaphysischen Spekulationen in dessen Bericht.[175]

Im Gegensatz zu einer universalistischen Perspektive, die von einem fundamentalen Recht alle anderen Rechte ableitet, die den Menschenrechten weltweite Gültigkeit verleiht und die viele Beiträge und die Diskussion des Komitees prägte, stand die relativistische Position Ralpho Waldo Gerards. Er machte die Verleihung von Rechten vom Entwicklungsstand der Umwelt abhängig. Doch auch Gerard schwankte zwischen einem absoluten und begrenzten Relativismus. Von seinem biologischen Standpunkt betrachtete er die Gesellschaft als einen Organismus, der aus einzelnen Zellen mit unterschiedlichen Bindungen bestehe: „Man's rights and duties, then, cannot be absolute but remain always relative to his milieu. [...] The 'rights of man' are attempts to define the territory of the individual (or the small group) vis-à-vis his neighbours and the larger group. They can never be absolute and they must not too long remain fixed by codification.[...] Rights are relative to the society. Minimal ones will be universal, others valid only in very special cultures."[176]

Wie wird in den Beiträgen das Verhältnis zwischen Individuum und Gesellschaft dargestellt? Für Mahatma Gandhi waren Rechte ohne reziproke Pflichten undenkbar: „[A]ll rights to be deserved and preserved come from duty well done. Thus the very right to live accrues to us only when we do the duty of citizenship of the world. From this one fundamental statement, perhaps it is easy enough to define the duties of Man and Woman and correlate every right to some corresponding duty to be first performed."[177] Dass Rechte immer auch Pflichten gegenüber der Gesellschaft nach sich zögen und dass Rechte eingeschränkt werden dürften, sobald sie die freiheitliche gesellschaftliche Ordnung gefährdeten, hoben Kabir, Lien und Maritain hervor.[178] Dass sich in fundamentalen Rechten der Mensch nicht nur als Individuum, sondern auch als Teil der nationalen Gesellschaft und der Weltgesellschaft

---

175 UNESCO/Phil./6/1947, Skov, S. 1f; UNESCO/Phil./5/1947, Maritain S. 3. Vgl. Maritain, Sur la philosophie (1949), S. 64ff.

176 R. W. Gerard, The Rights of Man: A Biological Approach, in: Human Rights (1949), S. 206ff.

177 Mahatma Gandhi, Letter to the Director-General of UNESCO, in: Ebd., S. 18.

178 Kabir, Human Rights - The Islamic Tradition, S. 193.; Lien, A Fragment of Thought, S. 28; UNESCO/Phil./5/1947, Maritain, S. 4.

widerspiegeln müsse, betonten Madariaga, Quincy Wright und S. V. Puntambekar.[179] Die Mitglieder des Komitees griffen zwar nicht die Position Gandhis auf, doch sollten individuelle Rechte eingeschränkt werden, sobald sie die Grundlagen einer Gesellschaft gefährdeten. Auch betrachteten sie den Menschen nicht nur als Individuum, sondern ebenso als Teil nationaler Gemeinschaften und als Weltbürger. Eine „Totalisierung der Menschlichkeit" in der Gesellschaft wie bei R. P. Teilhard de Chardin findet sich bei ihnen jedoch nicht: „De ce nouveau point de vue il apparaît immédiatement que l'objectif d'une nouvelle définition des Droits de l'Homme ne saurait plus être, comme jadis, d'assurer la plus grande indépendance possible à l'élément dans la société, mais de préciser sous quelles conditions l'inévitable totalisation humaine peut s'effectuer, non seulement sans détruire, mais de manière à exalter en chacun de nous, je ne dis pas l'autonomie, mais (chose toute différente) la singularité incommunicable de l'être que nous possédons."[180]

Indem auf die historische Entwicklung der Menschenrechte zurückgegriffen wurde, bestimmten einige Autoren deren Ursprung und verwiesen auf Probleme bei deren Umsetzung. Nach John Lewis wurden Menschenrechte immer dann gefordert, wenn eine gesellschaftliche Gruppe an die Grenzen ihrer politischen Möglichkeiten stieß. „Rights are claimed when in the course of a social development a section of community whose strength and importance is increasing finds its needs circumscribed by the restrictions imposed upon it by a privileged class."[181] Haesaert zeigte ausgehend von der amerikanischen Menschenrechtserklärung von 1776 bis zur vierten französischen Republik 1946, dass alle Deklarationen an demselben Problem gescheitert seien, einem schwer realisierbaren erweiterten Menschenrechtsbegriff.[182] Ein Vergleich der Positionen Lewis' und Haesaerts mit dem Bericht des Komitees zeigt, dass eine historische Perspektive jedoch nicht zu denselben Schlüssen führen muss. Nicht nur begrenzte politische Möglichkeiten begründeten neue Rechte, sondern ein Komplex unterschiedlicher Faktoren war nach Meinung

---

179 Madariaga, Rights of Man S. 48; Quincy Wright, Relationship between Different Categories of Human Rights, in: Human Rights (1949), S. 151; S. V. Puntambekar, The Hindu Concept of Human Rights, in: Ebd., S. 197f.

180 R. P. Teilhard de Chardin, Quelques Réflexions sur les droits de l'homme, in: Autour de la Nouvelle Déclaration, S. 88f.

181 John Lewis, On Human Rights, in: Human Rights (1949), S. 54.

182 Haesaert, Réflexions, S. 82 und 85.

des Komitees dafür verantwortlich. Politische und zivile Rechte seien durch religiöse Bewegungen und die Entstehung der Nationalstaaten entstanden, wirtschaftliche und soziale Rechte hätten erst dank neuer Technologien realisiert werden können. Auch übernahm das Komitee keinesfalls die Gedanken Haesaerts. Vielmehr lag es für seine Mitglieder in der Entwicklung der Menschenrechte begründet, dass der Menschenrechtsbegriff erweitert werden müsse, da er nur so veränderten gesellschaftlichen Bedingungen gerecht werde.[183]

Das Vertrauen in Wissenschaft und Fortschritt ist ebenfalls ein wiederkehrendes Motiv in den Beiträgen. Nach Aldous Huxley, dem Bruder des Generaldirektors der Unesco, könnten alle Rohstoffprobleme gelöst werden, wenn nicht die Rüstungstechnik, sondern andere Wissenschaften gefördert würden. „Every industrial nation spends huge sums on research into techniques of mass destruction. [...] If comparable amounts of money and scientific ability would be devoted to the problem of producing foodstuffs artificially, it seems likely enough that methods would quickly be found for providing the half-starved millions of Europe and Asia with an adequate diet. [...] Scientific workers have it in their power to postpone the day of planetary bankruptcy and to mitigate the political dangers inherent in the existence of natural monopolies. What is needed is a new Manhattan Project, under international auspices, for the development of universally available surrogates for the unevenly distributed and soon-to-be-exhausted minerals, on which our industrial civilisation depends for its existence, e.g. wind power and sun power to take the place of power produced by coal, petroleum and that most dangerous of all fuels, uranium; glass and plastics as substitutes, wherever possible, for such metal as copper, tin, nickel and zinc."[184] William Albert Noyes bestätigte diese Position, da er der Wissenschaft die Verantwortung übertrug, materielles Elend zu verringern und die Menschenrechte zu sichern.[185] Dass eine Menschenrechtsdeklaration aber auch die Freiheit der Wissenschaft sichern

183 UNESCO/Phil./10, The Grounds (31.07.1947), S. 5f.

184 Aldous Huxley, The Rights of Man and the Fact of the Human Situation, in: Human Rights (1949), S. 201f.

185 W. A. Noyes, Science and the Rights of Man, in: Ebd., S. 217.

müsse, betonte Northrop und vertrat damit eine Forderung, die auch das Komitee in ihrer Liste fundamentaler Rechte aufnahm.[186]

Auch wenn das Komitee großes Vertrauen in den menschlichen Fortschritt hatte, so folgte es dennoch nicht der These Arnost Blahas, dass eine Humanisierung der Welt unmittelbar bevorstehe. „The idea of the Rights of Man is basically the humanitarian creed. [...] Thus the humanitarian idea indicates on the one hand the ever increasing and progressively more perfect humanisation of social institutions, and on the other the humanisation of the individual in the sense of the full development of the personality in relation to society. [...] This humanising process, working sometimes from below, through the individual, and sometimes from above, through social institutions, found formal expression when the humanised, i.e. democratic State, proclaimed in the XVIIIth century French and American revolutions the Rights of Man, whence sprang logically the rights of peoples, linguistic, social and economic rights [...] and finally the rights of women and children. At the same time the humanitarian ideal grows not only more extensive but more intensive. [...] [I]t is now acquiring a certain element of feeling in that its basis is becoming love of one's neighbour."[187]

Verschiedene Rechte, die die Autoren in ihren Beiträgen forderten, wurden von dem Komitee nicht berücksichtigt. Minderheitenrechte und das Recht auf nationale Selbstbestimmung, die Gleichheit von Mann und Frau und die Rechte von Strafgefangenen wurden nicht in die Liste fundamentaler Rechte aufgenommen.[188] Hingegen wurden das Recht auf Bildung und auf Informationsfreiheit, das Kandel und Maheu in ihren Stellungnahmen forderten, in den Bericht des Komitees integriert. Dass Maheu am ersten Treffen des Komitees teilnahm und sein Aufsatz unter den Komiteemitgliedern verteilt wurde,

---

[186] Northrop, Towards a Bill of Rights, S. 185; UNESCO/Phil./10, The Grounds (31.07.1947), S. 9.

[187] UNESCO/Phil./4/1947, Blaha, Arnost I., Reply to the Questionnaire on the Rights of Man, 13.06.1947, S. 1.

[188] Leonard Barnes, The Rights of Dependent Peoples, in: Human Rights (1949), S. 243 [Das Komitee erhielt Barnes Artikel erst nach seinem ersten Treffen]; A. P. Elkin, The Rights of Man in Primitive Society, in: Ebd., S. 226; Margery Fry, Human Rights and the Prisoner, in: Ebd., S. 246-249; Palme Dutt, Contribution, S. 240/233; Skov, S. 3.

könnte den Blick des Komitees auf das Recht auf Informationsfreiheit gelenkt haben.[189]

3.2.2. Entscheidungen des Komitees

An der zweiten und dritten Sitzung des Komitees nahmen Carr, Somerhausen und McKeon teil. Auger war nur während des Treffens im September 1947 anwesend, an dem sich Laski nicht beteiligen konnte, da er zu einer Sitzung des Exekutivkomitees der *Labour Party* geladen war. Friedman war zu beiden Sitzungen eingeladen, nahm jedoch nur an dem Treffen im September 1947 teil. Gilson verzichtete im September 1947 und im Juli 1948 darauf, für das Komitee zu arbeiten.[190]

Das Ergebnis der beiden Treffen waren Empfehlungen, in denen sich die Mitglieder des Komitees über die Publikation äußerten. Ein kurzes Vorwort sollte einer Einleitung vorangehen, und verschiedene Beiträge der Umfrage, einige vollständig und andere in gekürzter Fassung, sollten folgen. Der Bericht des Komitees *The Grounds of an International Declaration of Human Rights* mit der Liste fundamentaler Rechte und das Memorandum des Sekretariats mit dem Fragebogen sollten ebenfalls abgedruckt werden. Übersetzungen des Buches in englischer, französischer, spanischer und portugiesischer Sprache waren geplant.[191]

Die Publikation sollte die Vielfalt darstellen, mit der die Menschenrechte in den Stellungnahmen philosophisch begründet wurden. Dabei war es weniger entscheidend, ob die Mitglieder des Komitees den Beiträgen zustimmen konnten, sondern vielmehr sollten die fundamentalen Gegensätze in den

---

[189] I. L. Kandel, Education and Human Rights, in: Human Rights (1949), S. 223-225; UNESCO/342.7 (100): 1 A 02/II, Comité (1947-1952): Maheu, S. 59f. Vgl. Maheu, Droit a l'information, S. 182-185.

[190] UNESCO/2C/35, Report of the Editorial and Publication Committee, S. 1; UNESCO/PHS/6, Report of the Editorial and Publication Committee; UNESCO/342.7 (100): 1 A 02/II, Comité (1947-1952): Laski an Huxley (18.09.1947), S. 217/220; ebd., Friedman an Unesco (20.09.1947), S. 222/225; Monsour an Auger (14.06.1947), S. 289/292; ebd., Gilson an Huxley (9.06.1947), S. 281/284.

[191] UNESCO/2C/35, Report of the Editorial and Publication Committee, S. 2; UNESCO/PHS/3, Provisional Manuscript. A Collective Approach to the Problems of Human Rights. Edited by Unesco. With an Introduction by Jacques Maritain, 15.06.1948, S. 1; UNESCO/PHS/3 (rev.), Human Rights. Comments and Interpretations. A Symposium edited by Unesco. With an Introduction by Jacques Maritain, 25.07.1948, S. 1.

Darstellungen deutlich werden. Carr sah in diesem Ziel sogar die gesamte Arbeit der Unesco begründet: „I am not altogether shaken out of my doubts, which are perhaps connected with my general feeling that the purpose of Unesco is rather to provide a forum for discussion between intellectuals and scientists than to attempt to produce any synthetic results."[192] In der dritten Sitzung wurden deshalb die Texte von Tchechko, der die Menschenrechte im Spiegel der sowjetischen Verfassungen darstellte, und Carneiro, der als einziger Teilnehmer der Umfrage aus Lateinamerika stammte, aufgenommen. Das Komitee verzichtete auf Emmanuel Mouniers Stellungnahme, die bereits früher veröffentlicht worden war.[193]

Der Beitrag Alfred Webers wurde nicht für die Publikation ausgewählt, obwohl er im Gegensatz zu den meisten Beiträgen die universale Geltung der Menschenrechte ablehnte und sich für eine Teilung der Welt in eine okzidentale, sowjetische und asiatische Zone aussprach. Ob er wegen des Inhalts, der Qualität oder wegen des begrenzten Umfangs der Publikation nicht in die Sammlung integriert wurde, kann nicht mehr nachvollzogen werden. Der Text von John Lewis war im Komitee sehr umstritten und einige Mitglieder wollten ihn wegen seiner Qualität nicht veröffentlichen. Doch da sich das Komitee nicht einigen konnte, wurde er in die Sammlung aufgenommen. Ferner litt die Vielfalt der Stellungnahmen darunter, dass die meisten Beiträge aus Europa und den Vereinigten Staaten stammten. Deshalb aber wie Kühnhardt von einem stereotypen Disput zwischen den verschiedenen Menschenrechtsauffassungen zu sprechen, die sich in den einzelnen Aufsätzen widerspiegle, würde die Intention des Komitees verkennen und seinen Auswahlkriterien nicht gerecht werden.[194]

Neben großer Vielfalt sollten einige Beiträge spezifische Probleme der Menschenrechte behandeln und andere die Positionen des Komitees widerspiegeln. Die ausgewählten Beiträge wurden entweder vollständig in die Pu-

---

192 UNESCO/342.7 (100): 1 A 02/II, Comité (1947-1952), Carr an Huxley (23.10.1947), S. 264/267. Vgl. ebd., Havet an Wright (20.10.1947), S. 253/257; UNESCO/2C/35, Report of the Editorial and Publication Committee, S. 1.

193 UNESCO/PHS/3, Provisional Manuscript; UNESCO/PHS/3 (rev.), Human Rights.

194 UNESCO/Phil./10, The Grounds (31.07.1947), S. 4; UNESCO/PHS/6, Report of the Editorial and Publication Committee, S. 1f; Kühnhardt, Die allgemeine Erklärung, S. 9f; Somerhausen, Le problème philosophique, S. 291. Der Text Webers ist im Unesco

blikation aufgenommen oder gekürzt. Hinweise auf aktuelle Ereignisse und auf Publikationen der Autoren wurden gestrichen.[195]

Eine möglichst große Öffentlichkeit sollte erreicht werden, weshalb ein kommerzieller Verlag mit der Verbreitung beauftragt und von der Unesco finanziell unterstützt werde sollte. Obwohl ein großer Absatz des Buches gesichert war, fanden sich erst 1949 Verlage für die Veröffentlichung des Buches.[196]

Wurde die Umfrage als einmalige Unternehmung betrachtet oder sollten weitere Projekte folgen? Während seiner Rede vor der Arbeitsgruppe *Philosophy and Humanistic Studies* auf der zweiten Generalkonferenz in Mexiko betonte McKeon: „[T]he working party [*Comité sur les principes philosophiques des droits de l'homme*] had no intention of publishing definitive documents; the volume under consideration should be regarded as the first step of a permanent survey giving the various points of view of different philosophers, on the whole, however a sufficient measure of an agreement had been reached to warrant the publication of this volume."[197] Deshalb bat das Komitee in dem Vorwort der französischen Ausgabe die Leser, die verschiedenen Beiträge zu kommentieren und zu kritisieren; auch wurde empfohlen, eine Reihe kurzer Schriften zu erarbeiten und zu veröffentlichen, in denen verschiedene spezifische Rechte genauer untersucht werden sollten.[198]

Während auf dem zweiten Treffen noch keine Einleitung vorgesehen war, stand bereits vor der letzten Sitzung des Komitees im Juni 1948 Maritain als ihr Verfasser fest. Diese Empfehlung des Sekretariats wurde im September 1948 von den Mitgliedern bestätigt, in der Hoffnung Maritain würde die

---

Archiv nicht verfügbar, doch äußerte sich darüber Somerhausen in einem Artikel in der Zeitschrift *Synthèses*.

195 UNESCO/PHS/3, Provisional Manuscript: X - J. Haesaert, S. 2; UNESCO/PHS/3, Provisional Manuscript: XXIX - A. P. Elkin, S. 1f.; UNESCO/PHS/3 (rev.), Human Rights, S. 86 und 235; UNESCO/2C/35, Report of the Editorial and Publication Committee, S. 2.

196 UNESCO/PHS/6, Report of the Editorial and Publication Committee, S. 2; UNESCO/2C/35, Report of the Editorial and Publication Committee, S. 2; UNESCO/3C/110/I, Records of the General Conference. Third Session. Beirut 1948. Volume 1. Proceedings, April 1949, S. 431.

197 UNESCO/2C/J/SR.2, Working Party J: Philosophy and Humanistic Studies. Summary Record of the Second Meeting, 11.11.1947, S. 4.

198 UNESCO/PHS/3 (rev.), Human Rights, S. 2; UNESCO/PHS/6, Report of the Editorial and Publication Committee, S. 2f; Autour de la Nouvelle Déclaration, S. 9.

Vielfalt der Meinungen des Symposiums hervorheben und gleichzeitig auf Möglichkeiten eines politischen Konsens' verweisen. Dass sich Maritain in seiner Rede auf der zweiten Generalkonferenz in Mexiko für weltweite praktische Zusammenarbeit trotz ideologischer Gegensätze ausgesprochen hatte, erleichterte dem Komitee seine Entscheidung.[199]

„Y a-t-il lieu de s'étonner de voir converger quant à leurs conclusions pratiques des systèmes théoriques en mutuel conflit?"[200] Von dieser Fragestellung gelenkt, erläuterte Maritain, wie trotz ideologischer Gegensätze ein weltweiter Konsens in praktischen Fragen erreicht werden könne. Das Ziel der Unesco sei es nicht, eine einheitliche ideologische Position anzustreben, sondern in praktischen Fragen einen Konsens zu suchen. Die Beiträge in dem Symposium spiegelten die philosophische und ideologische Vielfalt wider, wie Menschenrechte begründet werden könnten, ohne jedoch einen Konsens zu verneinen. „[L]a question des droits de l'homme met en jeu tout le système de certitudes morales et métaphysiques (ou anti-métaphysiques) auquel adhère chacun. [...] Dans le domaine des assertions pratiques, au contraire, un accord sur une déclaration commune est possible, moyennant une approche plus pragmatique que théorique et un travail collectif de confrontation, de refonte et de mise au point formules, de manière à rendre celles-ci acceptables aux uns et aux autres, comme des points de convergence pratique, quelles que soient les oppositions entre perspectives théoriques."[201] Dass das Komitee versuchte, in der Vielfalt philosophischer Begründungsmuster einen praktischen Konsens zu erreichen, wie Lindholm in seiner Beurteilung hervorhob, begründete dessen Unterstützung für Maritains Einleitung.[202] Doch wer beeinflusste das Komitee in seiner Entscheidung, eine Einleitung den Beiträgen des Symposiums voranzustellen und Maritain als Autor zu benennen?

---

199 UNESCO/PHS/3, Provisional Manuscript, S. 1; UNESCO/PHS/6, Report of the Editorial and Publication Committee, S. 1; UNESCO/2C/35, Report of the Editorial and Publication Committee, S. 2.

200 Jacques Maritain, Introduction, in: Autour de la Nouvelle Déclaration, S. 13.

201 Ebd.

202 Lindholm, Article 1, S. 37.

3.2.3. Einflussfaktoren

Nachdem Carr befürchtete, das eine Einleitung einer philosophischen Stellungnahme gleiche und deshalb der Publikation seine neutrale Zielsetzung nehme, antwortete ihm Huxley am 16. Oktober 1947: „I feel very strongly, and I have got general agreement among other members of the Secretariat concerned, that not have some sort of critical introduction would very seriously reduce the value of the book, which would then be merely a series of more or less unconnected contributions."[203] Und Havet bestätigte Huxleys Forderung nach einer Einleitung, als er ebenfalls an Carr schrieb: „Dr. Huxley is rather keen on having a developed introduction, and of course I feel myself that it would be interesting if possible (find the man etc...)."[204] Zwar bat Huxley die Mitglieder des Komitees, ihm bei der Suche nach einem geeigneten Autor zu helfen; doch letztlich war es der Generaldirektor und das Sekretariat, die die Einleitung initiierten und ihre Umsetzung forderten. Wenige Tage vor dem dritten Treffen des Komitees war die Entscheidung über die Einleitung bereits gefallen. Am 15. Juni 1948 war von Havet in einem ersten Manuskript des Buches Maritain bereits als Verfasser verzeichnet, und am 28. Juni 1948 verkündete Huxley in seinem Jahresbericht für die achte Sitzung des Exekutivkomitees, dass Maritain die Einleitung verfassen werde.[205]

Das Sekretariat wollte mit Hilfe eines Autors, der nicht Mitglied des Komitees war und eine „neutrale" Perspektive einnehmen konnte („adopter un point de vue impartial"), die unterschiedlichen Tendenzen, ideologischen Gegensätze, aber auch die Gemeinsamkeiten der Beiträge darstellen. Doch das Sekretariat wollte auch im Konsens mit den Mitgliedern des Komitees über die Einleitung entscheiden. Sie sollte dem Komitee vorgelegt und mögliche Kritikpunkte über Fußnoten in die Publikation eingebracht werden.[206]

---

203 UNESCO/342.7 (100): 1 A 02/II, Comité (1947-1952): Huxley an Carr (16.10.1947), S. 243/246. Vgl. ebd., Carr an Huxley (29.09.1947), S. 232f/235f.

204 Ebd., Havet an Carr (9.10.1947), S. 235/238. Vgl. ebd., Havet an Wright (20.10.1947), S. 254/257.

205 Ebd., Huxley an Carr (16.10.1947), S. 243/246; ebd., Carr an Huxley (23.10.1947), S. 264/267; UNESCO/PHS/3, Provisional Manuscript, S. 1; UNESCO/8 EX/12 Annex, Executive Board 1948. Volume VI. 8th Session. Annual Report by the Director-General, 28.06.1948, S. 18.

206 UNESCO/342.7 (100): 1 A 02/II, Comité (1947-1952): Rapport du secrétariat sur l'édition d'un recueil sur les principes philosophiques des droits de l'homme (15.10.1947),

Die zweite Generalkonferenz der Unesco in Mexiko entschied endgültig über die Publikation.[207] In der Arbeitsgruppe *Philosophy and Humanistic Studies* wurde am 11. November die Übersetzung des Buches diskutiert. Der chinesische Delegierte forderte, dass neben einer französischen, englischen, spanischen und portugiesischen Ausgabe auch eine chinesische Übersetzung veröffentlicht werde. Ebenso wurden eine arabische, polnische und deutsche Übersetzung vorgeschlagen. In Deutschland sollte damit der demokratische Wiederaufbau unterstützt werden, doch die endgültige Entscheidung darüber wurde einer Konferenz für den Wiederaufbau des Landes übertragen. Abgesehen von der deutschen Übersetzung entschied man sich für die genannten Sprachen, ohne dies jedoch umzusetzen. Es blieb bei einer französischen, englischen und spanischen Ausgabe, eine deutsche, japanische und italienische Übersetzung wurden nachträglich beschlossen.[208]

Der libanesische Delegierte J. Maroun kritisierte in der Arbeitsgruppe die Zusammensetzung des Komitees. Sein Bericht sei von Experten verfasst, die ausschließlich aus westlichen Ländern stammten und deshalb die Bedeutung mancher Rechte in anderen Regionen der Welt nicht verstehen würden. Das Recht auf Gewissensfreiheit, in dem Bericht nicht explizit erwähnt, sei im Nahen Osten von größter Bedeutung, da Konversion oftmals verboten sei. Auch kritisierte Maroun, dass die politischen Rechte vom Staat eingeschränkt werden könnten. Deshalb forderte er eine Ergänzung des Berichts, was jedoch von den anderen Mitgliedern abgelehnt wurde, da das Komitee über die Publikation und nicht über einzelne Menschenrechte abstimmen solle. Nur der australische Abgeordnete Dunbabin stimmte Maroun zu, indem er eine erneute Diskussion über einzelne Rechte forderte, insbesondere über das Recht auf Widerstand.[209]

Trotz dieser Einwände unterstützte die Generalkonferenz in ihrer Resolution vom 21. November 1947 die Publikation des Symposiums. „Unesco will

---

S. 247/250; Vgl. UNESCO/2C/77, Publication of a Digest of the Philosophic Principles of Human Rights. Report by the Secretariat, 15.10.1947.

207 UNESCO/342.7 (100): 1 A 02/II, Comité (1947-1952): Havet an Carr (9.10.1947), S. 235/238; ebd., Havet an Hessen (15.10.1947), S. 242/245; edb., Havet an Wright (20.10.1947), S. 254/257; ebd., Havet an McKeon (21.10.1947), S. 261/264; ebd., Havet an Gilson (21.10.1947), S. 265.

208 UNESCO/2C/J/SR.2, Working Party J: Report, S. 3ff.

209 Ebd.

in 1948 undertake the publication of a volume of essays of the philosophic principles of human rights produced as a result of the philosophic consultations undertaken by Unesco in 1947. The Director-General is instructed to take the necessary steps for: [...] The preparation of the text of the volume and its introduction, for submission to the Editorial Committee; [...] The Publication of the volume, at first in widely spoken languages and subsequently in other languages most appropriate to serve the cause for peace."[210]

Darüber hinaus beeinflusste das Exekutivkomitee der Unesco die Veröffentlichung des Symposiums. Da 1948 das Buch nur in französischer, englischer und spanischer Sprache vorlag, weitere Übersetzung von der Generalkonferenz jedoch erwünscht waren, entschied die Programmkommission des Exekutivkomitees im April 1948, das Projekt um ein weiteres Jahr zu verlängern. So sollte verhindert werden, dass finanzielle Mittel gestrichen und weitere Übersetzungen unmöglich wurden.[211]

Schließlich versuchten auch Nichtregierungsorganisationen, auf die Arbeit des Komitees einzuwirken. Das *American Chinese Committee for Mass Education* schlug dem Sekretariat einen Kandidaten für die Einleitung des Buches vor: „A despatch from Mexico City mentions a proposed resolution which, if passed, would recommend that an expert be appointed to prepare for publication in 1948 a book defining the world-wide conceptions of human rights. Such a book could be highly significant if prepared by the right man. I wonder whether the resolution was actually passed by the Conference. If it was, may I take the liberty of suggesting a candidate for this work. He is Richard J. Welsh, who is editor, publisher and writer. [...] P.S. I'm sure you must have met Welsh and his wife, Pearl S. Buck, the Nobel Prize w[inner.]"[212]

---

210 UNESCO/2C/132/II, Records of the General Conference. Second Session. Mexico 1947. Volume II. Resolutions, April 1948, S. 16.

211 UNESCO/EX/4CP/SR 3, Executive Board, 1948. Volume IX. Subsidiary Organs. Programme Committee. Summary Report of the Third Meeting, held on Tuesday 13 May 1948, 13.05.1948, S. 4. Vgl. UNESC/8 EX/15, Executive Board 1948. Volume VI. 8th Session. The Programme of Unesco as presented by the Programme Committee, 2.07.1948, S. 11; UNESCO/8 EX/SR 4 (rev.), Executive Board 1948. Volume VI. 8th Session Summary Report of the Fourth Meeting, held on Tuesday 13 July 1948, 27.09.1948, S. 5.

212 UNESCO/342.7 (100): 1 A 02/II, Comité (1947-1952): Yen an Huxley (1.12.1947), S. 267/270.

In seinem Bericht für die dritte Generalkonferenz 1949 in Beirut schrieb Huxley: „Unesco will undertake the publication of a volume of essays on the philosophical principles of human rights. The Director General is instructed to take the necessary steps for the publication of the volume, at first in widely spoken languages and subsequently in other languages most appropriate to serve the cause of peace."[213] Die Arbeit des *Comité sur les principes philosophiques des droits de l'homme* war damit beendet. Im Februar 1949 waren verschiedene Verlage für die Publikation gefunden worden, *Sagittaire* für die französische, *Wingate* für die britische und *Columbia University Press* für die US-amerikanische Ausgabe. Ebenfalls 1949 erklärte sich der mexikanische Verlag *Fondo de Cultura* bereit, die spanische Ausgabe zu publizieren. Der Veröffentlichung wurde in der 14. Sitzung des Exekutivkomitees hohe Priorität zugewiesen, so dass das Buch in den drei genannten Sprachen noch 1949 erscheinen konnte. Nachdem die englische Ausgabe bereits 1950 vergriffen war, wurde vom Sekretariat eine Neuauflage beschlossen. 1951 erschien eine deutsche und japanische, 1952 eine italienische Übersetzung des Symposiums.[214]

Dass die Unesco eine deutsche und japanische Übersetzung veröffentlichte, unterstreicht ihr Engagement beim Wiederaufbau der beiden Länder. Schon auf der ersten Sitzung der Generalkonferenz 1946 brachte die niederländische Delegation eine Empfehlung ein, dass die Unesco den Aufbau der Demokratie in Deutschland unterstützen solle. Mit Hilfe der Alliierten sollten Bücher und Broschüren verteilt werden. Drei Ziele verfolgte die Unesco dabei: „(1) to help to direct the minds of the German people towards democracy;

---

213 UNESCO/3C/5, The Programme of Unesco for 1949 as recommended by the Executive Board, 27.07.1948, S. 36f.

214 UNESCO/5C/3, Report of the Director-General on the Activities of the Organisation from October 1949 to March 1950. Mai 1950, S. 53f; UNESCO/7C/3, Report of the Director-General on the Activities of the Organisation from April 1951 to July 1952, Oktober 1952, S. 214; UNESCO/6C/PRG/16, Report by the Director-General on the Organisation's Activities and General Policy in the Field of Publications/Annex III, 17.05.1951; UNESCO/14EX/3, Executive Board 1949. Volume X. 14th Session. Priorities within the Programme for 1949, 27.01. 1949, S. 7; UNESCO/14 EX/SR 6 (rev.), Executive Board 1949. Volume X. 14th Session. Summary Report of the Sixth Meeting, held on Thursday 10 February 1949, 15.04.1949, S. 12; UNESCO/18EX/2, Executive Board 1949. Volume XI. 18th Session. Progress Report for the Period September-November 1949 submitted by the Director-General, M. Torres Bodet, to the Executive Board of Unesco 24. November 1949, 25.11.1949, S. 23.

(2) to facilitate contact and the movement of ideas between the best elements in Germany and those Member States which have expressed a desire for such contact; (3) to combat aggressive nationalism, religious or racial discrimination and any tendency opposed to the ideal of international co-operation through education, science and culture, set forth in the Constitution of Unesco."[215] Am 27. und 28. Mai 1949 trat eine Expertenkommission zusammen, die den Generaldirektor in seiner Politik gegenüber Deutschland beriet. Sie empfahl, Publikationen in deutscher Sprache zu fördern und Veröffentlichungen der Unesco zu unterstützen, wenn sie den Zielen der Organisation in Deutschland dienten. Dass das Symposium in deutscher Sprache erschien, zeigt die Bedeutung, die man ihm für den Wiederaufbau Deutschlands zuwies. Dass die Beiträge der Umfrage durch drei deutsche Stellungnahmen ergänzt wurden, entsprach den Vorschlägen der Experten, Publikationen in deutscher Sprache zu fördern.[216] Die Veröffentlichung war eingebunden in weitere Menschenrechtsaktivitäten in Deutschland, die die Unesco bereits 1949 zum ersten Jahrestag der Allgemeinen Erklärung der Menschenrechte veranstaltet hatte.[217]

Die zweite Generalkonferenz in Mexiko beschloss, auch mit Japan zusammenzuarbeiten und dort die Ziele der Unesco bekannt zu machen. Die japanische Bevölkerung war an der Arbeit der Unesco sehr interessiert, so dass die Organisation hoffte, zum Aufbau eines demokratischen Staates beitragen zu können. Wie in Deutschland wurden auch hier Veröffentlichungen

---

215 UNESCO/3C/OXR/6/PRG, Relations with Germany, S. 7.

216 UNESCO/4C/OXR/16, Report of the Director-General on the Activities of the Organisation in Germany During 1949 and Policy to be adopted in 1950, 17.08.1949, S. 16. Mitglieder der Kommission waren J. Idenburg (Niederlande) und T. H. Marshall (Großbritannien), Victor Mencel (Polen) und P. Svendsen (Norwegen), F. Vandenborre (Belgien) und Edmond Vermeil (Frankreich), Hermann B. Wells (US) und Paulo Carneiro (Brasilien). Vgl. Walter Hallstein, Der Weg zur allgemeinen Verantwortung, in: Um die Erklärung der Menschenrechte. Ein Symposium. Mit einer Einführung von Jacques Maritain, Zürich-Wien-Konstanz 1951, S. 331-334; Alfred Verdross, Die internationale Anerkennung der Menschenrechte als Voraussetzung des Weltfriedens, in: Ebd., S. 335-341; Eduard Zellweger, Nulla poena sine lege, in: Ebd., S. 342-327.

217 UNESCO/6C/3, Report of the Director-General on the Activities of the Organisation from April 1950 to March 1951, Mai 1951, S. 154. Polen, Ungarn und die Tschechoslowakei kritisierten die Politik der Unesco gegenüber Deutschland. Sie befürchteten, dass in Deutschland durch den Nationalsozialismus kompromittierte Politiker und nicht demokratische Strukturen gefördert würden. Vgl. UNESCO/4C/Proceedings, Records

der Unesco verteilt. Die japanische Übersetzung des Symposiums über die philosophische Begründung der Menschenrechte stellte einen Teil dieser Arbeit dar. Doch nicht nur die Publikation, sondern auch andere Aktivitäten sollten die Idee der Menschenrechte verbreiten. Zum zweiten Jahrestag der Allgemeinen Erklärung der Menschenrechte fanden Ausstellungen, Diskussionsrunden und Lesungen statt.[218]

of the General Conference. Fourth Session, Paris 1949. Proceedings, Dezember 1949, S. 413ff.

218 UNESCO/3C/OXR/7, Relations with Japan. Report by the Executive Board, 20.10.1948; UNESCO/6C/3, Report of the Director-General, S. 158.

4. Wirkung des Komitees

4.1. Unesco

Wie beeinflusste das Komitee die Programmgestaltung der Unesco und die Beziehungen zu den Vereinten Nationen und den Mitgliedsstaaten?

4.1.1. Programm der Unesco

Das Komitee beeinflusste das Programm „Philosophie" der Unesco. Am 12. September 1947 charakterisierte das *Committee of Experts to Consider a UNESCO Programme in the Field of Philosophy and Humanistic Studies* den Programmbereich „Philosophie" der Unesco als schwach entwickelt. Obwohl die Umfrage zur philosophischen Begründung der Menschenrechte bereits weitgehend abgeschlossen war und obwohl bereits das erste Treffen des *Comité sur les principes philosophiques des droits de l'homme* im Sommer 1947 stattgefunden hatte, wurde dieses Projekt in der Evaluierung nicht genannt und hatte keine unmittelbare Wirkung. Ob das Projekt nicht bekannt war oder nur nicht erwähnt wurde, ist nicht mehr nachvollziehbar. Doch wurden Empfehlungen vorgelegt, die durch das *Comité sur les principes philosophiques des droits de l'homme* bereits verwirklicht worden waren, wie etwa kleine Kongresse durchzuführen und langfristige Kontakte zwischen Wissenschaftlern zu etablieren.[219]

Eine erste unmittelbare Wirkung entfaltete das Komitee jedoch auf das *Committee of Experts on Philosophy and Humanistic Studies*, das zwischen dem 22. und 26. September 1947 in Paris tagte, über den Programmpunkt „Philosophie" der Unesco beriet und an dem McKeon teilnahm. Es empfahl, den Vorschlägen des ersten Treffens des *Comité sur les principes philosophiques des droits de l'homme* zu folgen, Gegensätze in der Philosophie des Rechts zu analysieren und die Begriffe „Recht", „Freiheit" und „Demokratie" in ihrer unterschiedlichen Bedeutung zu untersuchen. Daran sollten sich nicht nur Philosophen, sondern verschiedenste Persönlichkeiten weltweit beteiligen. Es wurde eine Konferenz geplant, deren Ergebnisse an die nationalen Kommissionen und an Nichtregierungsorganisationen weitergereicht werden

---

[219] UNESCO/Phil./12., Committee of Experts to consider a UNESCO Programme in the Field of Philosophy and Humanistic Studies, 12.09.1947, S. 1 und 7.

sollte. Das Ergebnis der Untersuchung sollte in verschiedene Sprachen übersetzt werden.[220]

Die zweite Generalkonferenz griff diese Empfehlung auf und verwandelte sie in eine Resolution. Nachdem Havet einzelne Beiträge des Symposiums an verschiedene Delegierte verteilt und die Arbeit des Komitees auf der Konferenz bekannt gemacht hatte, empfahl auch die Arbeitsgruppe *Philosophy and Humanistic Studies* die Fortsetzung des Projekts. Dabei verwies sie explizit auf die Arbeit des *Comité sur les principes philosophiques des droits de l'homme*: „[T]he Working Party recommends that Unesco should in 1948 initiate a wider and deeper philosophical survey, employing a method similar to that used for the 1947 survey of the philosophical bases of Human Rights. [...] This survey would bear upon the concepts of political philosophy implied in ideological controversies over the meaning attached in different countries to terms like freedom, democracy, law, rights, justice, equality, etc."[221]

Dass daraus eine Resolution der Generalkonferenz wurde, lag an der ausdrücklichen Forderung McKeons. Während Maritain vor der Generalkonferenz am 21. November 1947 die Empfehlung der Arbeitsgruppe nicht als formale Resolution präsentierte, drängte McKeon darauf, den Antrag der Arbeitsgruppe umzusetzen und eine Resolution zu verabschieden. Die Generalkonferenz entsprach der Forderung McKeons und verabschiedete die Resolution 5.2.: „Philosophical Analysis of Current Ideological Conflicts. Unesco will in 1948 continue its enquiry concerning the philosophical principles of human rights. The Director-General is instructed to take the necessary steps: 5.2.1. To arrange for the preparation, by a philosopher, of a plan for an enquiry concerning the fundamental concepts of liberty, democracy, law, and equality, and concerning the influence on current ideological controversies of different views of such concepts and the actual or apparent conflicts which result therefrom. 5.2.2. To ask National Commissions, learned societies and

---

220 UNESCO/2C/35, S. 1; UNESCO/2C/36-Annex A, Report of the Committee of Experts on Philosophy and Humanistic Studies, Paris, 22 - 26 September 1947, 5.10.1947, S. 6f; Unesco, Philosophie et humanités dans le monde actuel, in: Le Moniteur de l'Unesco 1 (1947) 3, S. 3. Vgl. dazu die Vorschläge des *Comité sur les principes philosophiques des droits de l'homme*: UNESCO/Phil./9, Report of the Unesco-Committee.

221 UNESCO/2C/J/2, Working Party J: Philosophy and Humanistic Studies. Report of the Working Party, 18.11.1947, S. 4f. Vgl. UNESCO/Phil/9, Report of the Unesco Com-

other appropriate bodies to co-operate in the enquiries concerning these problems. 5.2.3. To convene a committee of experts to consider the replies and to draft a final report. 5.2.4. To consider how the results of this enquiry may be given wide publicity."[222]

Während in der ersten Resolution noch ausdrücklich auf die philosophische Begründung der Menschenrechte Bezug genommen worden war, liefen die folgenden Resolutionen unter dem Titel *Philosophical Analysis of Fundamental Concepts*. Der US-amerikanische Delegierte Stoddard im Exekutivkomitee beklagte diese Veränderung und forderte, die Menschenrechte weiterhin im Titel des Projekts zu erwähnen, ohne jedoch eine Mehrheit dafür zu finden. Ob dies an dem Untersuchungsziel lag, ob man nicht noch einmal in den Verdacht geraten wollte, die Arbeit der UN-Menschenrechtskommission zu unterlaufen, oder ob andere Gründe zu dieser Entscheidung führten, ist nicht überliefert.[223]

Bereits 1948 wurde ein Fragebogen mit einer Einleitung an verschiedene Adressaten versandt, und erste Stellungnahmen erreichten die Unesco noch im selben Jahr, wobei sich das Projekt jedoch darauf beschränkte, den Begriff „Demokratie" zu analysieren. Vom 3. bis 7. Mai 1949 trafen sich Experten in Paris. Carr wurde zum Vorsitzenden und McKeon zum Berichterstatter des Treffens ernannt. Auf der Konferenz wurden die verschiedenen Beiträge untersucht, und in ihrem Bericht empfahlen die Mitglieder, das Ergebnis des Treffens und einige Beiträge zu veröffentlichen, wobei sie sich an den Erfahrungen des *Comité sur les principes philosophiques des droits de l'homme* orientierten. Dass ein weiteres Mal ein Fragebogen mit einer Einleitung verschickt wurde und dass Carr und McKeon an dem Komitee teilnahmen, unterstreicht den Einfluss des vorangegangenen Komitees. Das Ergebnis der Untersuchung wurde 1951 in englischer Sprache unter dem Titel *Democracy in a World of Tension* von der *University of Chicago Press* veröffentlicht und

---

mittee; UNESCO/2C/36, Role of Philosophy and the Humanities in Unesco's work. Programme of Action Suggested for 1948, 13.10.1947.

222 UNESCO/2C/132/II, Records of the General Conference: Resolutions, S. 25. Vgl. UNESCO/2C/132/I, Records of the General Conference: Proceedings, S. 433f.

223 UNESCO/3C/110/II, Records of the General Conference. Third Session. Beirut 1948. Volume II. Resolutions, February 1949, S. 25; UNESCO/8 EX/15, The Programme of Unesco, S. 24; UNESCO/8 EX/SR 5 (rev.), Executive Board 1948. Volume VI. 8th

erschien 1954 unter dem gleichen Titel bei einem israelischen Verlag.[224] Die vierte Generalkonferenz in Paris verabschiedete am 5. Oktober 1949 eine Resolution, in welcher sie weitere Untersuchungen der Begriffe „Freiheit", „Demokratie", „Recht" und „Gleichheit" unterstützte.[225]

Beeinflusste das *Comité sur les principes philosophiques des droits de l'homme* die Unesco in ihrem Ziel, die Allgemeine Erklärung der Menschenrechte zu verbreiten? Die Wirkung des Komitees ist ambivalent. Während die Generalkonferenz seine Arbeit nicht berücksichtigte, beeinflusste es Entscheidungen des Exekutivkomitees und des Sekretariats.

Am 11. Dezember 1948, einen Tag nachdem die Vereinten Nationen die Allgemeine Erklärung der Menschenrechte verabschiedet hatten, debattierte die dritte Generalkonferenz in Mexiko über die Deklaration. Keiner der Redner erwähnte jedoch das *Comité sur les principes philosophiques des droits de l'homme*. Auch auf der Generalkonferenz in Florenz 1950, als verschiedene Resolutionen zur Verbreitung der Allgemeinen Erklärung diskutiert wurden, erwähnte keiner der Delegierten das Komitee. Vielmehr bedauerte der US-amerikanische Abgeordnete George F. Zook, dass sich die Unesco lediglich an der Umsetzung der Erklärung beteilige, ohne jedoch an ihrer Formulierung entscheidend mitgewirkt zu haben.[226]

Die Resolutionen zur Verbreitung der Allgemeinen Erklärung der Menschenrechte richteten sich besonders an die Abteilung *Education*, wodurch die Idee der Menschenrechte im Bildungsprogramm der Unesco berücksich-

---

Session. Summary Report of the Fifth Meeting, held on Thursday 15 July 1948, 27.09.1948, S. 3.

224 UNESCO/4C/3, Report of the Director-General on the Activities of the Organisation in 1949, September 1949, S. 55; UNESCO/PHS/10, Philosophical Analysis of Current Ideological Conflicts, 15.11.1948; UNESCO/PHS/12, Report of the Meeting of the Committee on the Philosophical Analysis of Fundamental Conflicts, Paris May 3.-7., 1949, 19.05.1949; Unesco, Qu'est-ce que la „Démocratie"?, in: Le Courrier de L'Unesco 2 (1949) 4, S. 11; Democracy in a World of Tension. A Symposium prepared for Unesco by Richard McKeon with the Assistance of Stein Rokkan, Chicago 1951; Democracy in a World of Tension. A Symposium prepared for Unesco by Richard McKeon with the Assistance of Stein Rokkan, Tel-Aviv 1954. Neben Carr und McKeon nahmen Sergio Buarque de Hollanda (Brasilien), Charles Perleman (Belgien), Pierre Ricœur (Frankreich) und Alf Ross (Dänemark) an dem Treffen teil.

225 UNESCO/4C/Resolutions, Records of the General Conference. Fourth Session. Paris, 1949. Resolutions, November 1949, S. 24; UNESCO/4C/Proceedings, S. 208.

226 UNESCO/5C/Proceedings, Records of the General Conference. Fifth Session. Florence 1950. Proceedings, November 1950, S. 447.

tigt werden sollte. Schließlich empfahl die Generalkonferenz 1950, die Vereinten Nationen in ihrer Arbeit an einer Menschenrechtskonvention über wirtschaftliche und soziale Rechte zu unterstützen. Nicht mehr in der Abteilung „Philosophie" war die Menschenrechtsarbeit zu finden, sondern sie verlagerte sich in andere Bereiche der Unesco. So setzten diese Projekte nicht die Arbeit des Komitees fort, sondern waren eigenständige Programmpunkte.[227]

Doch beeinflusste das *Comité sur les principes philosophiques des droits de l'homme* das Sekretariat. Im Herbst 1949 veranstaltete die Unesco im Pariser *Musée Galliéra* eine Ausstellung über die historische Entwicklung der Menschenrechte. Die Ausstellung endete mit einem Zitat Gandhis, das seinem Beitrag für die Umfrage der Unesco 1947 entnommen war. „On leaving the Exhibition, visitors passed before a large-scale reproduction of the following quotation from a letter written by Mahatma Gandhi to Dr. Julian Huxley, the first Director General of Unesco: I learnt from my illiterate but wise mother that all rights to be deserved and preserved came from duty well done. ... Every other right can be shown to be a usurpation hardly worth fighting for."[228]

Eine zweite unmittelbare Wirkung entfaltete das Komitee, indem eine Reihe kurzer Schriften über verschiedene Menschenrechte veröffentlicht wurde. Diese Empfehlung, die das Komitee am Ende seines dritten Treffens im Juli 1948 ausgesprochen hatte, wurde vom Sekretariat der Unesco 1949 umgesetzt, ohne dass sie in der Generalkonferenz explizit diskutiert worden war. Anders jedoch als vom Komitee vorgeschlagen, beschränkten sich die Aufsätze auf Rechte, die unmittelbar mit der Arbeit der Unesco verbunden waren. Sie sollten die Diskussion über die Menschenrechte fördern und die

---

227 Auch wenn die Umfrage von 1947 einmal, in dem vorläufigen Programm des Exekutivkomitees vom 3. Juli 1947, unter dem Punkt „Erziehung" erwähnt wurde, so blieb doch die Abteilung „Philosophie" für seine Realisierung verantwortlich. Vgl. UNESCO/3C/110/II, Records of the General Conference: Resolutions, S. 105; UNESCO/4C/Resolutions, Records of the General Conference, S. 24; UNESCO/5C/Resolutions, Records of the General Conference. Fifth Meeting. Florence 1950. Resolutions, Juli 1950, S. 62f; UNESCO/6C/Resolutions, Records of the General Conference, Sixth Session, Paris 1951, 1951, S. 19f und 32f; UNESCO/Cons. Exec./3rd Sess./16, Executive Board, 1947. Volume II. 3rd Session. Programme for 1948 and Preliminary Discussion of Total Budget Figure, 3.07.1947, S. 6.

228 UNESCO/5C/PRG/13, Report on the Universal Declaration of Human Rights, 22.05.1950, S. 4; UNESCO/14 EX/SR 6 (rev.), Summary Report of the Sixth Meeting, S. 12.

Allgemeine Erklärung der Menschenrechte der Vereinten Nationen bekannt machen. Piaget verfasste einen Beitrag über das Recht auf Bildung und Maurice Bedel über das Urheberrecht, Lyman Bryson schrieb über das Recht auf Information und Bart J. Bok über die Freiheit des Künstlers. Weitere Aufsätze über das Recht auf Teilhabe am kulturellen Leben von Germán Arciniegas und über die künstlerische Freiheit von Rex Warner waren 1949 in Vorbereitung. Die Beiträge wurde in englischer, französischer und deutscher Sprache veröffentlicht, wobei wie schon bei der Publikation des Symposiums der Verlag *Wingate* die englische Ausgabe publizierte. Studien über fundamentale philosophische Prinzipien, die von dem Komitee empfohlen worden waren, förderten die Diskussion über die Allgemeinen Erklärung der Menschenrechte und eine Konvention über wirtschaftliche und soziale Rechte.[229]

Indem das Komitee die philosophische Begründung der Menschenrechte bearbeitet hatte, waren in den Augen des Sekretariats bereits erste Schritte zu einer Konvention über wirtschaftliche und soziale Rechte vorbereitet worden. Aufbauend auf diese Erfahrungen konnte die Unesco sich daran beteiligen, diese Rechte zu präzisieren.[230]

Schließlich verabschiedete die siebte Generalkonferenz der Unesco 1951 eine Resolution, um Artikel 27 der Allgemeinen Erklärung der Menschenrechte, das Recht auf Teilhabe am kulturellen Leben, zu untersuchen. Für Thomas setzte diese Untersuchung fort, was mit der Umfrage zur philosophischen Begründung der Menschenrechte begonnen worden war. In der Erinnerung des Sekretariats waren das Komitee und seine Arbeit vereinzelt vorhanden, besonders wenn neue Projekte konzipiert und organisiert wurden. Doch nicht immer wurden diese Erfahrungen berücksichtigt. Als sich P. Lebar, Mitarbeiter im Sekretariat der Unesco, bei Graciela Ruiz Durán, dem Leiter der Kulturabteilung der Vereinten Nationen, informierte, wie die Unesco mit den Vereinten Nationen in der Interpretation des Artikels 27 der Allgemei-

---

[229] UNESCO/PHS/6, Report of the Editorial and Publication Committee, S. 1ff.; UNESCO/4C/Resolutions, Records of the General Conference, S. 24; UNESCO/4C/3, Report of the Director-General, S. 54; Freedom and Culture. Introduction by Julian Huxley, London 1950; Les droits de l'esprit. Six études sur les aspects culturels de la Déclaration universelle des droits de l'homme. Réunis par l'Unesco, Paris 1950; Kultur in einer freien Welt, Vorwort von Julian Huxley, Wien 1956; UNESCO/7C/3, Report of the Director-General, S. 213ff.

nen Erklärung der Menschenrechte kooperieren könnte, wurde das Komitee nicht erwähnt. Doch bereits 1947 war das Verhältnis zwischen der Unesco und den Vereinten Nationen diskutiert worden.[231]

Es überrascht, dass das *Comité sur les principes philosophiques des droits de l'homme* die Generalkonferenz kaum beeinflusste, als sie die Allgemeine Erklärung der Menschenrechte diskutierte und ihr Menschenrechtsprogramm formulierte. Doch die Abteilung *Cultural Activities*, der auch die Abteilung „Philosophie" untergeordnet war und die die Umfrage 1947 durchgeführt hatte, erhielt erst 1950 die Aufgabe, die entsprechenden Aktivitäten der Unesco zu koordinieren. Dabei sollten alle Abteilungen ihre bisherigen Erfahrungen einbringen, um effektiv zusammenzuarbeiten und Informationsdefizite zu beheben.[232]

Die Veröffentlichung des *Comité sur les principes philosophiques des droits de l'homme* verursachte Probleme, die auch in anderen Publikationsprojekten gelöst werden mussten. Das Komitee wirkte auf die Publikationspolitik der Organisation ein, indem es diese Probleme diskutierte und andere Einrichtungen der Unesco sich mit ihnen beschäftigten. Vier Fragen mussten beantwortet werden.[233]

Gab es ein Gesamtkonzept der Unesco, wie Untersuchungen veröffentlicht werden sollten? Ob man über kommerzielle oder subventionierte Einrichtungen, ob man im Rahmen eines Buches oder einer Zeitschrift die Beiträge publizieren wollte, war bis 1948 nicht geklärt. Noch im August 1948 spekulierte Thomas, ob nicht in einer Sonderausgabe der Zeitschrift *Synthèses* die Arbeit des Komitees in französischer Sprache veröffentlicht werden könne. Und auf der Generalkonferenz im November desselben Jahres wurde beklagt, dass immer noch kein Verlag bereit sei, die Beiträge der Umfrage zu publizieren. [234]

---

230 UNESCO/5C/PRG/17, Regulations concerning Economic and Social Rights in the International Covenant on Human Rights, 18.05.1950, S. 40.

231 UNESCO/342.7 (100): 1 A 02/II, Comité (1947-1952): Lebar an Durán (3.10.1951), S. 308/311; ebd., Thomas an Liu (31.10.1951), S. 311/314.

232 UNESCO/6C/3, Report of the Director-General, S. 78; UNESCO/6C/Resolutions, Records of the General Conference, S. 39.

233 Vgl. Jan Opocensky, The Beginnings of Unesco. 1942 - 1948. Band 1, Paris 1949/50, S. 149.

234 UNESCO/342.7 (100) A 14/315, Synthèses: Thomas an Havet (28.08.1947); UNESCO/3C/110/I, Records of the General Conference: Proceedings, S. 431.

Da es keine Richtlinien gab, wurde auf der dritten Generalkonferenz 1948 das *Joint Committee of the Fifteen* einberufen. Es bearbeitete ausschließlich die Frage, wie die Unesco ihre Publikationspolitik verbessern und die Veröffentlichungen der einzelnen Abteilungen koordinieren könne. Der Generaldirektor sollte eine Liste der früheren und zukünftigen Publikationen der Generalkonferenz vorlegen. Um Bücher und andere Schriften effizient zu verteilen, sollten sich Nationale Kommissionen daran beteiligen. In seinem Bericht empfahl der Generaldirektor, dass möglichst viele Veröffentlichungen an kommerzielle Verlage abgegeben werden sollten, um einerseits die Kosten zu senken, aber auch um eine größere Leserschaft zu erreichen. Publikationen sollten dezentralisiert verteilt werden, wozu besonders die Nationalen Kommissionen und Sonderbeauftragte beitragen sollten. Dass das Symposium *Human Rights* von kommerziellen Verlagen veröffentlicht wurde, dass die spanische Ausgabe von einem mexikanischen Verlag getragen wurde, war Teil dieser Strategie.[235]

Wie sollten die Publikationen finanziert werden? In seinem dritten Treffen empfahl das *Comité sur les principes philosophiques des droits de l'homme*, kommerzielle Verlage zu subventionieren, damit sie für eine Veröffentlichung gewonnen werden könnten. Doch wer stellte die finanzielle Unterstützung bereit? Das *Joint Committee of Fifteen* empfahl einen Fond, in den alle Einnahmen aus Publikationen fließen sollten und der für neue Veröffentlichungen zu verwenden sei. Da die finanziellen Mittel jedoch für die geplanten Neuveröffentlichungen nicht genügten, beschloss das Exekutivkomitee im Juni 1949 eine Anfangsfinanzierung des Fonds über $125,000.[236]

In welche Sprachen sollten Publikationen übersetzt werden? Während das Komitee eine englische, französische, spanische und portugiesische Ausgabe plante, empfahl die Arbeitsgruppe *Philosophy and Humanistic Studies* auf der zweiten Generalkonferenz, zu den bereits genannten Sprachen eine deutsche, polnische, arabische und chinesische Übersetzung hinzuzufü-

---

[235] UNESCO/3C/II, Records of the General Conference: Resolutions, S. 86f; UNESCO/4C/PRG/6, Report on Unesco's Publications, 1.08.1949, S. 3; UNESCO/4C/PRG/6Add., Report on Missions to Increase Decentralized Production and Distribution of Documents and Publications, 13.09.1949, S. 1 und 7.

[236] UNESCO/PHS/6, Report of the Editorial and Publication Committee, S. 1; UNESCO/3C/110/II, Records of the General Conference: Resolutions, S. 51f und 86f; UNESCO/4C/PRG/6, Report on Unesco's Publications, S. 4.

gen - einerseits um eine größere Öffentlichkeit zu erreichen, andererseits um besonders in Deutschland den demokratischen Wiederaufbau zu fördern. Auch das *Joint Committee of Fifteen* forderte, Übersetzungen in möglichst viele Sprachen zu verwirklichen. Nur so könne eine große Öffentlichkeit erreicht werden. Das Symposium wurde bis 1952 in sechs verschiedene Sprachen übersetzt. [237]

4.1.2. Externe Beziehungen

Das *Comité sur les principes philosophiques des droits de l'homme* trug dazu bei, dass die Unesco ihr Verhältnis zu den Vereinten Nationen präziser definieren musste. Es regte eine Diskussion über die Beziehungen beider Institutionen an, da sowohl die Unesco als auch die UN-Menschenrechtskommission an einer Menschenrechtsdeklaration arbeiteten und da Koordinationsprobleme zwischen beiden Institutionen entstanden waren. Dass eine verbesserte Kooperation zwar nicht nur durch das Komitee angeregt wurde, dass es aber dazu beitrug, unterstrich der US-amerikanische Delgierte Mumford auf der zweiten Generalkonferenz 1947: „[M]y second message is to emphasize that it is a vital necessity for the Specialised Agencies of the United Nations to co-ordinate and integrate their programmes designed to meet world needs, so that the maximum results can be achieved. [...] In the coming years it is essential that co-ordination shall be developed further. As practical examples of the need for co-ordination of activities and divisions of responsibilities, I would refer to the relations between Unesco and the Department of Public Information of the United Nations. [...] Other examples are the interest of the Department of Trusteeship of the United Nations in the proposals of Unesco for the study of problems of fundamental education; and that of the department of Unesco which declares its interest in the Commission on Human Rights."[238] Huxleys Bericht über die Tätigkeit seiner Orga-

---

237 UNESCO/2C/J/SR. 2, Working Party J: Philosophy and Humanistic Studies. Summary Record of the Second Meeting, 11.11.1947, S. 4; UNESCO/3C/110/II, Records of the General Conference: Resolutions, S. 87; UNESCO/EX/4CP/SR 3, Programme Committee: Report of the Third Meeting, S. 4; UNESCO/8 EX/15, The Programme of Unesco, S. 11; UNESCO/8 EX/SR 4 (rev.), Summary Report of the Fourth Meeting, S. 5.

238 UNESCO/2C/132/I, Records of the General Conference: Proceedings, S. 42; UNESCO/2C/76/Addendum 1, Proposal for a Consolidated United Nations-Unesco

nisation in den Jahren 1947 und 1948 zeigt auch, dass die Arbeit des Komitees nicht zu den Projekten gehörte, in denen die Unesco optimal mit den Vereinten Nationen kooperierte. Darin zählte er verschiedene Aktivitäten der Unesco auf, in denen die Vereinten Nationen und die Unesco eng und effektiv zusammenarbeiteten, ohne jedoch das *Comité sur les principes philosophiques des droits de l'homme* zu erwähnen.[239]

Die Vereinten Nationen drängten ihre Sonderorganisationen, enger und effektiver zu kooperieren, und verabschiedeten am 11. November 1947 eine entsprechende Resolution. Die Unesco stimmte ihr noch 1947 zu, um Überschneidungen in der Arbeit beider Organisationen zu vermeiden. Deshalb sollte der Generaldirektor der Unesco in ständigem Kontakt mit den Vereinten Nationen und seinen Sonderorganisationen stehen. Die dritte Generalkonferenz bestätigte diese Politik, indem das Programm der Unesco unverzüglich an die UN und ihre Sonderorganisationen weitergeleitet und in der Programm- und Budgetplanung eng mit den Vereinten Nationen zusammengearbeitet werden sollte.[240]

Dass die Unesco und die Vereinten Nationen in enger Abstimmung die Allgemeine Erklärung der Menschenrechte weltweit verbreiteten und dass der Kooperationsvertrag zwischen beiden Organisationen aus dem Jahr 1945 nach fünf Jahren als erfolgreich beurteilt wurde, lässt eine verbesserte Zusammenarbeit vermuten. Dies ist nicht nur auf die Probleme zurückzuführen, die die Umfrage zur philosophischen Begründung der Menschenrechte hervorrief. Sie trug jedoch auch dazu bei, dass das Verhältnis zwischen den Vereinten Nationen und der Unesco besser koordiniert wurde.[241]

Veränderte das Komitee die Politik der Unesco gegenüber ihren Mitgliedstaaten? Die australische Regierung beklagte im Mai 1947, dass das Sekretariat die Umfrage zur philosophischen Begründung der Menschenrechte durchführe, ohne die Mitgliedsstaaten zu informieren: „The Australian

---

Budget. Note by the Secretariat Including Decisions of the United Nations, 17.11.1947, S. 3.

239 UNESCO/2C/4, Report of the Director-General, S. 78f.; UNESCO/3C/3, Report of the Director-General, S. 93f.

240 UNESCO/2C/132/II, Records of the General Conference: Resolutions, S. 57; UNESCO/3C/110/II, Records of the General Conference: Resolutions, S. 73f.

Government has noted that the Director General has already communicated direct with certain private citizens in Australia on this subject. The Australian Government was under the impression that communications with private citizens in Australia would be sent through channels of communication with Member States as approved by the Executive Board. The Australian Government would appreciate an assurance that, as on this occasion, the Government will be informed in all cases when the Secretariat communicates directly with private individuals in Australia."[242] In der Arbeitsgruppe *Philosophy and Humanistic Studies* am 11. November 1947 kritisierte die australische Regierung nicht nur die Umfrage, sondern auch die Arbeit des Komitees. Der australische Delegierte Dunbabin forderte, das Recht auf Widerstand aus der Liste fundamentaler Rechte des Komitees zu streichen.[243]

Die britische Regierung kritisierte im September 1947 ebenfalls das Sekretariat. Obwohl die Nationale Kommission Großbritanniens den britischen Teilnehmer des Komitees, Carr und Laski, nicht ausdrücklich zugestimmt habe, seien beide vom Sekretariat der Unesco in das Komitee berufen worden. Auch die britische Regierung forderte, zuerst über Expertentreffen informiert zu werden, bevor Einladungen an mögliche Teilnehmer versandt würden. Sowohl der britische Delegierte Cowell als auch der australische Abgeordnete Dunbabin betonten, dass der Bericht des Komitees nicht einer offiziellen Position beider Regierungen entspreche, sondern ausschließlich die persönliche Meinung der Unterzeichner widerspiegle.[244]

Die Klagen der britischen und australischen Regierung beruhten darauf, dass das Sekretariat die Umfrage organisierte, ohne eine einheitliche Politik gegenüber den Regierungen der Mitgliedsstaaten festgelegt zu haben. Um Stellungnahmen von Josip Broz Tito und Eduard Beneš zu erhalten, wandte sich das Sekretariat direkt an die Regierungen Jugoslawiens und der Tschechoslowakei. Die jugoslawische Regierung wurde auch gebeten, die Einla-

---

241 UNESCO/4C/3, S. 93; UNESCO/4C/Resolutions, Records of the General Conference, S. 68f; UNESCO/4C/OXR/5/Annex 1/2, Agreement between Unesco and the United Nations, 10.08.1949.

242 UNESCO/342.7 (100): 1 A 02/II, Comité (1947-1952): Walker an Unesco (31.05.1947), S. 18/20.

243 UNESCO/2C/J/SR. 2, Working Party J, S. 5.

244 Ebd., S. 2; UNESCO/342.7 (100): 1 A 02/II, Comité (1947-1952): Cowell an Berkeley (19.09.1947), S. 220/223.

dung zu dem Symposium an geeignete Kandidaten weiterzuleiten. In Belgien wurde die Regierungen erst nachträglich durch Somerhausen über die Umfrage informiert. In den Vereinigten Staaten kooperierte die Unesco eng und erfolgreich mit der Nationalen Kommission, die unter dem Einfluss McKeons bis Juli 1947 zwölf Beiträge an die Unesco gesandt hatte. Die Nationalen Kommissionen anderer Länder beteiligten sich nicht an der Umfrage, weil sie sich noch im Aufbau befanden oder überlastet waren.[245]

Diese unkoordinierte Politik wurde im Sommer 1947 durch eine Entscheidung des Exekutivkomitees geklärt, ohne dass die Unesco jedoch ihren Ansatz aufgeben wollte, hauptsächlich mit Privatpersonen und nicht mit Regierungsvertretern zusammenzuarbeiten. Denn nur so ließe sich in der Menschenrechtsarbeit vermeiden, dass sich die Methoden der Unesco und der UN-Menschenrechtskommission überschnitten.[246]

Erste offizielle Bestimmungen wurden bereits 1946 von der *Preparatory Commission* festgelegt. Die Unesco sollte mit Regierungen, Nationalen Kommissionen und Einzelpersonen zusammenarbeiten: „Unesco will act through the Governments of its Member States and their representatives appointed to this effect for all matters which are of direct interest to them, and particularly for those involving decisions on general policy or finance. It is essential, however, that besides this formal co-operation through governmental channels, Unesco should, in the execution of its programme, work in the closest possible contact with the institutions, associations and individuals which in each country are the qualified representatives of education and culture. [...] The National Commission will be the main channel through which the Secretariat of Unesco will find established contact with educational, scientific and cultural circles of the country concerned. [...] This, however, will not prevent the Secretariat of Unesco from approaching directly, in a given

---

245 Ebd., Beneš an Huxley (15.07.1947), S. 94/97; ebd., Somerhausen an Havet (26.07.1947), S. 108/111; UNESCO/342.7 (100): 1 A 02/I, Comité (1947): Compton an Huxley (31.03.1947), S. 75/69; ebd., Huxley an Ribnikar (2.04.1947), S. 78/72; Huxley an Ristic (16.04.1947), S. 126/119; ebd., McKeon an Huxley (17.04.1947), S. 131/124; Huxley an Ribnikar (8.05.1947), S. 219/212; UNESCO/2C/J/SR.2, Working Party J, S. 3; UNESCO/2C/47, Participation of National Commissions and Co-operating Bodies in the Execution of the Programme of UNESCO, 5.10.1947, S. 1f.

246 UNESCO/342.7 (100): 1 A 02/I, Comité (1947): Compton an Huxley (8.05.1947), S. 213/206; UNESCO/342.7 (100): 1 A 02/II, Comité (1947-1952): Bloney an Laves (6.06.1947), S. 17/19.

country, individuals or institutions whose co-operation it requires. Such direct contact will be essential for keeping the conduct of the programme of Unesco flexible and for associating to it, according to their special line of interest, the greatest possible number of groups and individuals."[247] In den folgenden Diskussionen der ersten Generalkonferenz 1946 war umstritten, ob nicht die staatliche Souveränität der Mitgliedsländer begrenzt werde, wenn die Unesco direkt mit Einzelpersonen kooperierte. Diese Möglichkeit blieb der Unesco jedoch erhalten, auch weil man damit an die Tradition des Völkerbundes und des ICIC anknüpfen wollte. Das Exekutivkomitee präzisierte die Bestimmungen im April 1947. Zwar solle die Unesco weiterhin mit Privatpersonen zusammenarbeiten, doch sollten immer auch die Ministerien und Regierungsinstitutionen der Mitgliedsländer um Rat gefragt werden.[248]

Ende Mai 1947 beklagte sich die australische Regierung bei der Unesco, und im August erreichte die Unesco die Klage Großbritanniens. Doch bereits am 8. Mai hatte der US-amerikanische Gesandte bei der Unesco, Arthur Compton, das Sekretariat gebeten, ein Rundschreiben bezüglich der Umfrage an alle Mitgliedsstaaten zu senden, um Missverständnisse zu vermeiden. Huxley antwortete kurz darauf: „Our conclusion is that both the letter to the individual contributors, and the letter to governments, are sufficiently clear, and that no useful purpose would be served by a further communication to the latter. We have had no enquiries from governments on the subject."[249] Es wurde nicht ausdrücklich erwähnt, ob nur einige wenige oder alle Mitgliedsländer informiert wurden.

Das Exekutivkomitee betonte jedoch noch einmal am 3. Juli, dass die Mitgliedsstaaten über Projekte und Expertentreffen der Unesco informiert werden müssten. Gleichzeitig bleibe es aber dem Sekretariat freigestellt, mit Privatpersonen und Nichtregierungsorganisationen zu kooperieren. „It is re-

---

[247] UNESCO/C/7, Report of the Preparatory Commission, S. 103ff.

[248] UNESCO/C/Admin.&Jur./S.C.Leg.&Ext.Rel./V.R.4, Legal and External Relations Sub-Commission. Verbatim Record of the Fourth Meeting held on Monday 2 December 1946, 2.12.1946, S. 15; UNESCO/C/Admin.&Jur./S.C.Leg.&Ext.Rel./5/Art. VIII, Report of the Legal and External Relations Sub-Commission to the Administrative and Legal Commission, 5.12.1946, S. 3; UNESCO/Cons.Exec/2nd Sess./2, Executive Board, 1946-1947. Volume I. 2nd Session. Channels of Communication with Member States, Note by the Secretariat, 20.03.1947, S. 1ff.

[249] UNESCO/342.7 (100): 1 A 02/I, Comité (1947): Huxley an Compton (9.05.1947), S. 221/214.

solved [...] that meetings of experts wherever possible be called well in advance, that the content and purpose of their meetings be carefully planned, and that member Governments be informed fully and promptly of plans for such meetings, that, wherever possible, they be permitted to recommend members for such meetings, and at least be informed concerning such membership [...] (this is not intended to inhibit the Secretariat from consulting directly with competent individuals and organisations, but it is intended to suggest that such consultation must not replace the use of official channels, so that wherever possible they may be able to recommend members for such meetings, after consultation with National Commissions)."[250]

Vor dem zweiten Treffen des Komitees orientierte sich das Sekretariat an diesem Beschluss. Der britischen und belgischen, der französischen und der US-amerikanischen Regierung wurde mitgeteilt, dass unabhängige Personen ihrer Länder an dem Treffen teilnehmen würden. Doch bat das Sekretariat die Regierungen nicht um Rat, sondern teilte ihnen lediglich die Entscheidung mit. Dies erregte erneut den Widerstand der britischen Regierung, auch wenn sie zugestand, dass die Mitglieder des Komitees für das zweite Treffen nicht noch einmal neu ausgewählt werden könnten. Das Sekretariat verwies in seiner Antwort auf mangelnde Zeit, um neue Mitglieder zu suchen. Und wenn man auf der Generalkonferenz im November 1947 erfolgreiche Projekte präsentierten wolle, dann müsse schnell gehandelt werden. Schließlich unterstrich das Sekretariat, dass man sich von den Vereinten Nationen in der Auswahl von Mitarbeitern unterscheide. Nicht nur Regierungsvertreter, sondern auch unabhängige Personen sollten sich an der Arbeit der Unesco beteiligen.[251]

Zwischen offiziellen Regierungskontakten und Beziehungen zu unabhängigen Organisationen und Persönlichkeiten schwankte die Politik der Unesco auch in den folgenden Jahren. Doch verbesserte sich die Informati-

---

250 UNESCO/Cons.Exec./3rd Sess./SR7 (rev.), Executive Board 1947. Volume II. 3rd Session. Summary Report of the Seventh Meeting, held on Saturday 27 July 1947, 15.09.1947, S. 11f.

251 UNESCO/342.7 (100): 1 A 02/II, Comité (1947-1952): Huxley an Ministry of Education in London (9.09.1947), S. 181/184; ebd., Carr an Mayoux 185/188; ebd., Huxley an Gilson (10.09.1947), S. 190/193; ebd., Compton an Huxley (11.09.1947), S. 194/197; ebd., Cowell an Berkeley (19.09.1947), S. 220/223; ebd., Berkeley an Cowell (25.09.1947), S. 230/233.

onspolitik gegenüber den Mitgliedsländern, da das Sekretariat Rundschreiben verfasste und das *Official Bulletin* mit Nachrichten über die Arbeit der Unesco veröffentlichte.[252]

4.2. Vereinte Nationen

„It is the conviction of the Unesco Committee that these inquiries into intellectual bases of human rights may contribute to the work of the Commission on Human Rights."[253]

4.2.1. Förderung der Zusammenarbeit

Die Unesco informierte verschiedene Einrichtungen der UN über die Arbeit des Komitees und vertiefte somit die Kenntnisse der Vereinten Nationen über ihre Sonderorganisation. Das *Department of Social Affairs* erhielt im August 1947 zwei Exemplare des Berichts *The Ground of an International Bill of Human Rights*, nahm das Dokument mit großem Interesse entgegen und bat um weitere Exemplare. Havet repräsentierte die Unesco in der UN-Menschenrechtskommission im Juni 1947, Cassin nahm am ersten Treffen des Komitees teil und Humphrey machte sich mit dem Programm der Unesco vertraut, als er im April 1947 an den Sitzungen des Unesco-Exekutivkomitees teilnahm. Huxley sandte ihm 50 Kopien des Berichts des Komitees am 1. August 1947 zu. Auch wurde Humphrey umgehend unterrichtet, als in der Zeitschrift *Synthèses* fehlerhafte Berichte über das *Comité sur les principes philosophiques des droits de l'homme* erschienen.[254]

Doch nicht nur über gegenwärtige Projekte wurden die Vereinten Nationen informiert, sondern das Komitee empfahl der Unesco, weiterhin eng mit der Menschenrechtskommission der UN zusammenzuarbeiten. Allerdings sollten die Vereinten Nationen allen weiteren Menschenrechtsprojekten zustimmen. Die UN-Menschenrechtskommission griff diesen Vorschlag auf und empfahl dem Wirtschafts- und Sozialrat der Vereinten Nationen, die Unesco

---

[252] UNESCO/4C/3, Report of the Director-General, S. 86; UNESCO/5C/3, Report of the Director-General, S. 84.

[253] UNESCO/Phil/10, The Grounds (31.07.1947), S. 4.

[254] UNESCO/342.7 (100): 1 A 02/II, Comité (1947-1952): Havet an Berkeley (1.08.1947), S. 132/135; ebd., Stadtsbaeder an Havet (5.08.1947), S. 139/142; ebd., Huxley an Laugier (1.08.1947), S. 143f/146f; ebd., Havet an Humphrey (17.10.1947), S. 249/252; UNESCO/Phil./8, Report of the First Meeting of the Committee of Experts. Vgl. 2.3.1.

solle im Rahmen ihrer kulturellen und bildungspolitischen Zielsetzung weitere Untersuchungen über die Menschenrechte durchführen. Dass die Generalkonferenz der Unesco im Juni 1950 eine Resolution verabschiedete, um Artikel 26 und 27 der Allgemeinen Erklärung der Menschenrechte und ihre Realisierung zu untersuchen, entsprach der Intention der UN-Menschenrechtskommission.[255]

4.2.2. Allgemeine Erklärung der Menschenrechte

Bestehen Ähnlichkeiten zwischen der Liste fundamentaler Rechte des Unesco Komitees und der Allgemeinen Erklärung der Menschenrechte der Menschenrechtskommission der Vereinten Nationen? Ebenso wie die Liste fundamentaler Rechte der Unesco beginnt auch das UN-Dokument mit zwei Artikeln, welche die Grundlage aller Rechte bestimmen.[256] Artikel 1 bildet das philosophische Fundament, und in Artikel 2 wird das Diskriminierungsverbot verankert. Ebenso wie das Unesco-Dokument verweist die Allgemeine Erklärung der Menschenrechte auf eine individuelle und auf eine gesellschaftliche Grundlage der Rechte. In der zweiten Sitzung der UN-Kommission im Dezember 1947 aufgenommen, doch vom dritten Hauptausschuss der Generalkonferenz gestrichen, begründete bis Dezember 1948 in der Allgemeinen Erklärung der Menschenrechte neben der Würde auch die Natur des Menschen seine individuellen Rechte. Indem die Liste der Unesco nur die Natur als Grundlage individueller Rechte betont, ist ihre Begründung zwar enger gefasst. Doch da die UN-Kommission die naturrechtliche Begründung einführte, nachdem sie das Unesco-Dokument erhalten hatte, könnte das Komitee Einfluss auf die UN-Kommission ausgeübt haben. Die Grundlage gesellschaftlicher Rechte unterscheidet sich allerdings in der Allgemeinen Erklärung der Menschenrechte von dem Unesco-Dokument. Während brüderliches Handeln die unveränderbare gesellschaftliche Basis der Allgemeinen Erklärung ist,

---

[255] UNESCO/Phil/9., Report of the Unesco-Committee, S. 1; UNESCO/Phil./10, The Grounds (31.07.1947), S. 11; UNESCO/6 EX/7, Executive Board, 1948. Volume V. 6th Session. Report of the Director-General on Developments since the Last Session, 7.02.1948., S. 6; UNESCO/5C/Resolutions, Records of the General Conference, S. 62f.

[256] Im Folgenden wird die Allgemeine Erklärung der Menschenrechte der Vereinten Nationen (Universal Declaration of Human Rights, in: The United Nations and Human

werden im Unesco-Dokument die Rechte aus dem Entwicklungsstand einer Gesellschaft abgeleitet und damit die historische Bindung der Rechte betont.[257]

Welche Rechte und Pflichten kennzeichnen das Verhältnis zwischen dem Individuum und der Gesellschaft? Die UN-Menschenrechtskommission integrierte einerseits das Individuum stärker in die Gesellschaft als das Unesco-Komitee, doch andererseits gewährte es dem Individuum auch stärkeren Schutz vor der Gesellschaft. „Everyone has duties to the communities in which alone the free and full development of his personality is possible."[258] Nur innerhalb der Gesellschaft könne sich nach Artikel 29 das Individuum entwickeln, und in Artikel 22 werden alle wirtschaftlichen und sozialen Rechte an die Ressourcen der Gesellschaft gebunden. Auch können nach Artikel 29 alle Rechte eingeschränkt werden, wenn sie der demokratischen Verfassungsstrukur eines Staates widersprechen sollten. Weder findet sich im Unesco-Dokument eine ähnlich starke gesellschaftliche Bindung des Individuums wie in der Allgemeinen Erklärung der Menschenrechte, noch gibt es einen demokratischen Vorbehalt für alle Rechte.[259]

Gleichzeitig jedoch gewährte die UN-Kommission dem Individuum größeren Schutz als das Unesco-Komitee. Das Diskriminierungsverbot des Artikels 2 gilt für alle folgenden Rechte, während in dem Unesco-Dokument nur das Recht auf Arbeit mit einem Schutz vor Diskriminierung verbunden ist. Die Anzahl der grundlegenden Freiheitsrechte entfaltet die Allgemeine Erklärung der Menschenrechte in 17 Artikeln, während das Komitee der Unesco sich auf vier Artikel beschränkt (Artikel 7 bis 10). Auch wenn das Widerstandsrecht in der Allgemeinen Erklärung sich nicht explizit unter den Rechten befindet, so ist es doch in der Präambel im Recht jedes Menschen auf einen Rechtsstaat impliziert: „Whereas it is essential, if man is not to be compelled to have recourse, as a last resort, to rebellion against tyranny and oppression, that human rights should be protected by the rule of law".[260] Schließlich

---

Rights. 1945-1995, New York 1995, S. 153-155) mit der Liste fundamentaler Rechte der Unesco (UNESCO/Phil/10, The Grounds (31.07.1947), S. 8-11) verglichen.

257 Lindholm, Article 1, S. 34ff; Morsink, The Universal Declaration, S. 284ff; Opitz, Menschenrechte, S. 66.

258 Universal Declaration, S. 155/Art. 29.

259 Morsink, The Universal Declaration, S. 246ff.

260 Universal Declaration, S. 153.

übertrug die UN-Menschenrechtskommission in Artikel 28 jedem Individuum den Anspruch auf eine soziale und internationale Ordnung.[261]

Beide Erklärungen unterscheiden sich in der Struktur der Rechte. In der Allgemeinen Erklärung stehen alle Rechte gleichberechtigt nebeneinander, auch wenn die klassischen Freiheitsrechte am Anfang stehen und die Liste zahlenmäßig dominieren. Die Unesco-Erklärung hingegen folgt einer strengen Hierarchie der Rechte. Sie beginnt mit dem fundamentalen Recht auf Leben, dann folgen Rechte, die die materiellen und intellektuellen Grundlagen des Lebens sichern sollen, ehe die politischen Mitbestimmungsrechte den Katalog beschließen. Die Rechte in der Allgemeinen Erklärung der Menschenrechte hingegen sind anders angeordnet: Die klassischen Freiheitsrechte (Artikel 3 bis 19) stehen den politischen Rechten (Artikel 20 und 21) voran, denen wirtschaftliche, soziale und kulturelle Rechte (Artikel 22 bis 27) folgen. Auch enthält das UN-Dokument Rechte, die allgemein gültig sind (Artikel 1, 2, 28, 29, 30), während das Unesco-Komitee die Rechte in einer linearen Hierarchie anordnete.[262]

In der Präambel der Allgemeinen Erklärung finden sich jedoch ähnliche theoretische Prinzipien wie in dem Bericht des Unesco-Komitees.[263] Die Präambel fordert, dass die Menschenrechte universal gültig sein müssten: „The General Assembly proclaims this Universal Declaration of Human Rights as a common standard of achievement for all peoples and all nations."[264] Sie beruft sich dabei auf die Charta der Vereinten Nationen, sie plädiert für einen weltweit realisierten Rechtsstaat, und sie verpflichtet alle Staaten, die Menschenrechte zu sichern. Zwar wollte das Komitee der Unesco die Staatenwelt nicht explizit verpflichten, die Menschenrechte zu achten, sondern sie vielmehr dazu inspirieren: „They are rights which should inspire individuals, nations, and international agencies to work for their achievement and to use

---

261 Vgl. Sigrun Skogly, Article 2, in: Asbjørn Eide (Hg.), The Universal Declaration of Human Rights: A Commentary, Oslo 1993², S. 57f; Morsink, The Universal Declaration, S. 225ff.

262 UNESCO/342.7 (100): 1 A 02/II, Comité (1947-1952), McKeon an Havet (25.07.1947), S. 106/109; Opitz, Menschenrechte, S. 67.

263 Zur Bedeutung der Präambel als Teil der AEMR vgl. Jan Mårtenson, The Preamble of the Universal Declaration of Human Rights and the UN Human Rights Programme, in: Asbjørn Eide (Hg.), The Universal Declaration of Human Rights: A Commentary, Oslo 1993², S. 19.

264 Universal Declaration, S. 153.

their full authority and power to support them"[265]; zwar bekennt sich das Unesco-Komitee ausdrücklich zu theoretischen Gegensätzen in der philosophischen Begründung der Menschenrechte. Dennoch gleichen sich der Universalismus des Unesco-Dokuments und der Universalismus der Allgemeinen Erklärung der Menschenrechte in vielen Punkten, besonders wenn man den juristischen Kompromisscharakter der UN-Deklaration mit dem politischen Konsensgebot des Unesco-Komitees in Verbindung setzt. „In der Tat beansprucht sie [AEMR], gemeinsame Handlungsprinzipien zu formulieren, unter deren Beachtung die Würde des Menschen wirklich und der Friede möglich sein können. Doch ist sie damit alles andere als ein theoretisches oder spekulatives Dokument. Im Gegenteil ist auch die praktische Ideologie ihrer Begründung zunächst und vor allem ein Kompromiss. Ein Kompromiss zwischen unterschiedlichen Kulturen und Religionen, zwischen verschiedenen weltanschaulichen Ausrichtungen und auch zwischen unterschiedlichen Interessen."[266]

Darüber hinaus unterstreicht die Präambel der Allgemeine Erklärung, dass die Menschenrechte nur realisiert werden können, wenn sie sowohl von den Individuen als auch von der Gesellschaft gefördert würden. Wie das Komitee der Unesco ebenfalls betonte, könnten sich Menschenrechte nur im Wechselspiel zwischen Gesellschaft und Individuum entfalten.

Ferner berücksichtigt auch die UN-Deklaration in der Präambel historische Erfahrungen und begründet damit den Schutz der Menschenrechte, beschränkt sich jedoch dabei auf die Rezeption der nationalsozialistischen Herrschaft. Auf jegliche Spekulation, auf einen vagen Fortschrittsglauben und eine Zukunftsprojektion jedoch verzichtet die Deklaration der Vereinten Nationen vollständig. Vielmehr präsentierte die UN-Kommission verschiedene Gründe, warum eine Menschenrechtsdeklaration notwendig sei: Die Würde des Menschen und historische Erfahrungen, politische Klugheit und Friede, die Werte der UN-Charta und ein gefestigter Konsens über bestimmte Rechte werden genannt.[267]

---

265 Unesco Doc Phil./10 (31.07.1947), S. 8.

266 Dicke, Zum Politikprogramm der Allgemeinen Erklärung, S. 193. Vgl. Mårtenson, The Preamble of the Universal Declaration, S. 20f.

267 Dicke, Zum Politikprogramm der Allgemeinen Erklärung, S. 194.

Die Präambel der Allgemeinen Erklärung und die theoretischen Grundlagen des Komitees der Unesco gleichen sich, während die einzelnen Rechte meist unterschiedlich ausgestaltet sind. Wie reagierten die Delegierten der Menschenrechtskommission, als ihnen das Dokument der Unesco vorgelegt wurde? War die Wirkung des Berichts auf die Mitglieder der Kommission bedeutend, wie Lindholm betont? Oder interessierten sie sich nur geringfügig für die philosophische Stellungnahme des Komitees, wie Morsink hervorhebt?[268]

Am 1. Dezember 1947 beriet die UN-Kommission über den Bericht der Unesco. Die Reaktionen schwankten zwischen Ablehnung und Unterstützung. Der belgische Delegierte Fernand Dehousse verwarf die Arbeit der Unesco und stellte den Antrag, das Dokument nicht an die Mitgliedsstaaten der Vereinten Nationen zu verteilen. Dehousse „was upset about the confusion that had resulted in the public mind, when extracts of the Unesco report had been published, between this apparently 'unauthorized' Unesco project and bill of rights and the work of the Commission on Human Rights."[269] In der folgenden Abstimmung unterstützte die Kommission Dehousses Antrag mit acht zu vier Stimmen, so dass der Bericht des Komitees nicht verbreitet wurde. Morsink bestätigt die ablehnende Haltung der Kommission, wenn er ihren Mitgliedern nur geringes Interesse an philosophischen Spekulationen unterstellt.[270]

Die Kommission könnte dem Eindruck erlegen sein, dass die Unesco selbst eine Erklärung der Menschenrechte verfassen wollte, wie dies im Unesco-Memorandum vom 27. März 1947 erwähnt worden war: „The Director-General [of Unesco] is accordingly communicating with Member Governments, requesting them to lay before their National Commissions, Co-operating Bodies, or other appropriate groups, the problem of formulating an analysis for the problem of human rights and its underlying principles, so as to permit the formulation of a Declaration of Human Rights for the modern world in its present circumstances."[271] Konkurrenz und Unverständnis gegenüber dem Projekt der Unesco könnten die Folgen gewesen sein.

---

[268] Lindholm, Article 1, S. 38; Morsink, The Universal Declaration, S. 302.

[269] Morsink, The Universal Declaration, S. 301f.

[270] Lindholm, Article 1, S. 37; Morsink, The Universal Declaration, S. 302.

[271] UNESCO/Phil./1/1947 + CORR., Memorandum on Human Rights, 27.03.1947, S. 1.

Ferner klagte die Kommission, dass die Unesco auf eigene Initiative und nicht auf Anfrage der Vereinten Nationen Ihre Untersuchung durchgeführt habe. Auch distanzierten sich viele Mitgliedsstaaten der Vereinten Nationen von Kommissionen, die nicht mit Regierungsvertretern, sondern mit unabhängigen Persönlichkeiten besetzt waren. Und nicht alle Mitgliedsländer der Vereinten Nationen waren in der Unesco vertreten. Diese Staaten beurteilten Untersuchungen der Unesco distanziert und kritisch.[272]

Zudem veröffentlichte die belgische Zeitschrift *Synthèses* eine Sondernummer über die Umfrage der Unesco. In den veröffentlichten Texten des Symposiums fanden sich Fehler über die Entstehung und Arbeit des Komitees. Ein weiteres Mal wurde in den Texten der Eindruck vermittelt, dass die Unesco eine Erklärung der Menschenrechte verfassen wollte und mit der UN-Kommission konkurrierte. Dass der belgischen Delegierte Dehousse, in dessen Land *Synthèses* erschien, sich gegen die Arbeit der Unesco aussprach, könnte mit der Lektüre der Zeitschrift verbunden gewesen sein.[273]

Schließlich war es nach Lindholm auch der pluralistische Ansatz des Komitees, verschiedenste philosophische Interpretationen der Menschenrechte gleichberechtigt nebeneinander zu stellen, der das UN-Gremium abschreckte. Doch verstieß dieser Ansatz tatsächlich gegen die Position der UN-Menschenrechtskommission? Das Komitee der Unesco suchte nach einem homogenen politischen Konsens in einer heterogenen philosophischen Vielfalt; doch auch die Allgemeine Erklärung der Menschenrechte gründete nicht auf einem theoretischen Konsens, sondern auf einem politischen Kompromiss. Diesem praktischen Kompromiss einer Deklaration jedoch die theoretische Pluralität philosophischer Begründungen der Menschenrechte gegenüberzustellen, wie es das Komitee der Unesco anstrebte, war nicht das Ziel der Menschenrechtskommission und hätte die Umsetzung der Deklaration erschwert.[274]

Doch einige Mitglieder der Kommission unterstützten die Umfrage der Unesco. René Cassin, Hans Mehta und Charles H. Malik befürworteten die

---

[272] UNESCO/342.7 (100): 1 A 02/II, Comité (1947-1952): Havet an Humphrey (17.10.1947), S. 249/252.

[273] Synthèses. Revue mensuelle internationale, hg. von Jean Stadtsbaeder 2 (1947) 6; UNESCO/342.7 (100) A 14/315, Synthèses: Havet an Stadtsbaeder (17.10.1947); ebd., Stadtsbaeder an Havet (8.1.1948); Lindholm, Article 1, S. 37.

Arbeit des Komitees. Auch Eleanor Roosevelt begrüßte die Arbeit der Unesco, wobei sie aber sehr zurückhaltend agierte, um nicht ihre Rolle als Vorsitzende der UN-Kommission zu diskreditieren. Lindholm unterstreicht die positive Reaktion einzelner Mitglieder der Kommission, wenn er in Maliks und Grumbachs Reden vor dem Dritten Komitee der UN-Generalversammlung 1948 Elemente des Unesco-Berichts zu erkennen glaubt. Weder bestätigt sich Morsinks Position, dass die Arbeit des Komitees vollständig wirkungslos blieb, noch beeinflusste das Komitee alle Mitglieder der UN-Menschenrechtskommission, so dass auch Lindholms Position relativiert werden muss. Vielmehr war die Wirkung des Komitees auf die UN-Kommission ambivalent. Dass sie ebenfalls zu einem praktischen Konsens gelang, belegt noch nicht die unmittelbare Wirkung des Komitees.[275]

Doch wirkte nicht nur das Komitee der Unesco auf die Vereinten Nationen ein, sondern dessen Arbeit wurde in den Vereinten Nationen diskutiert und die Vereinten Nationen beeinflussten dann ihrerseits die Unesco. Da die philosophische Arbeit des Komitees in der Menschenrechtskommission abgelehnt worden war, wollte sich das Unesco-Sekretariat zukünftig auf Menschenrechtsprojekte konzentrieren, die ausdrücklich in ihren Zuständigkeitsbereich fielen. Die Unterausschüsse der Vereinten Nationen für Bildung und für Minderheitenfragen unterstützten dieses Ziel. Sie baten die Unesco zu Beginn des Jahres 1948, gemeinsam die Grundlagen für demokratische Bildungsprogramme zu erarbeiten und rassische Diskriminierung im Bildungsbereich zu bekämpfen.[276]

Schließlich beeinflusste weniger die Liste fundamentaler Rechte der Unesco die UN-Menschenrechtskommission, als dass vielmehr die Allgemeine Erklärung der Menschenrechte auf das Programm der Unesco einwirkte. Im Dezember 1948 debattierte die Generalkonferenz der Unesco die UN-Deklaration und verabschiedete eine Resolution, um die Erklärung weltweit

---

274 Ebd., S. 37; Dicke, Zum Politikprogramm der Allgemeinen Erklärung, S. 193.

275 Lindholm, Article 1, S. 38; UNESCO/342.7 (100): 1 A 02/II, Comité (1947-1952): Havet an Arnalde (ohne Datum), S. 273/276; ebd., Thomas an Malik (31.01.1947), S. 312/315. Vgl. Samnøy, Human Rights, S. 99.

276 UNESCO/342.7 (100): 1 A 02/II, Comité (1947-1952): Havet an Arnalde (ohne Datum), S. 272/275; UNESCO/6 EX/SR. 4 (rev.), Executive Board, 1948. Volume V. 6th Session. Summary Report of the Fourth Meeting, held on Friday 13 February 1948, 2.06.1948, S. 11.

zu verbreiten. In der Diskussion erwähnte kein Sprecher die Arbeit des *Comité sur les principes philosophiques des droits de l'homme*, das sich erstmals in der Geschichte der Unesco mit Fragen der Menschenrechte beschäftigt hatte.[277]

4.3. Internationale Gemeinschaft

Nationale Regierungen protestierten einerseits gegen die Arbeit des Komitees, andererseits unterstützten sie dessen Ziele. Die australische und britische Regierung sahen ihre staatliche Souveränität durch die Arbeit des Komitees gefährdet, was ihre Beziehungen zur Unesco belastete. Australien beklagte, dass die Unesco ihre Umfrage mit unabhängigen Personen durchführe, ohne deren Regierungen zu informieren. Dass der australische Delegierte bei der Unesco meist gegen das Projekt stimmte, unterstreicht die ablehnende Haltung der australischen Regierung. Die britische Regierung sah ebenfalls ihre staatliche Souveränität gefährdet, sobald Teilnehmer für Komitees ausgesucht würden, ohne dass die Unesco Regierungen und nationalen Kooperationsorgane befragt habe.[278]

Der niederländische Premierminister Paul Henri Spaak hingegen begrüßte die Umfrage der Unesco. Nachdem ihn Somerhausen über das Komitee informiert hatte, bat er um verschiedene Beiträge des Symposiums. Ebenso reagierte Nicolay, *Directeur Honoraire du Ministère du Travail* in Belgien, der sein großes Interesse an der Umfrage bekundete und das Recht auf Arbeit, die Entstehung internationalen Rechts und eine mögliche Pflichtenerklärung in einem Brief an das Sekretariat kommentierte.[279]

Die Arbeit des Komitees sollte auch die internationale Öffentlichkeit erreichen. Über die Publikation des Symposiums sollte die Umfrage bekannt

---

277 UNESCO/3C/110/I, Records of the General Conference: Proceedings, S. 203-208; UNESCO/3C/110/II, Records of the General Conference: Resolutions, S. 105.

278 UNESCO/342.7 (100): 1 A 02/II, Comité (1947-1952): Walker an Unesco (31.05.1947), S. 18/20; ebd., Cowell an Berkeley (19.09.1947), S. 220f/223f.; UNESCO/2C/J/SR 2, Working Party J, S. 5.

279 UNESCO/342.7 (100): 1 A 02/II, Comité (1947-1952): Somerhausen an Havet (26.07.1947), S. 108/111; ebd., Nicolay an Huxley (30.07.1948), S. 304/307.

gemacht werden. Denn nur dann könnten die Ziele der Unesco erreicht werden, wenn ihre Arbeit weltweit verbreitet werde.[280]

Am 15. April 1949 erschien die französische Ausgabe des Symposiums *Autour de la Nouvelle Déclaration Universelle des Droits de l'Homme* mit einer Auflage von 2 000 Stück bei *Sagittaire*; am 15. September 1949 wurden 3 500 Exemplare der englischen Ausgabe *Human Rights* bei *Wingate* in London und *Columbia University Press* in Washington publiziert; und ebenfalls am 15. September wurden 6 000 Exemplare der spanischen Ausgabe *Los derechos del hombre* von dem Verlag *Fondo de Cultura de Económica* in Mexiko und Buenos Aires veröffentlicht. Es folgten 1951 die deutsche Ausgabe *Um die Erklärung der Menschenrechte* mit 4 000 Exemplaren (*Europa Verlag*) und eine japanische Edition bei *Iwamami Shoten* sowie 1952 eine italienische Übersetzung *Dei diritti dell'uomo* mit 3 000 Exemplaren (*Edizioni di Comunità*). Die englische war ebenso wie die französische Ausgabe schnell vergriffen, so dass 1950 ein Nachdruck der englischen und 1952 ein Nachdruck der französischen Ausgabe notwendig wurden.[281]

In der Zeitschrift *Le Courrier de l'Unesco* wurde über die Arbeit des Komitees berichtet. Neben einer kurzen Nachricht über das dritte Treffen des Komitees, verfasste Havet einen Aufsatz über das Symposium. Anlässlich Maritains Einleitung für das Symposium und als die Allgemeine Erklärung der Menschenrechte von den Vereinten Nationen verabschiedet wurde, erschienen weitere Berichte über das Komitee.[282]

Um eine breite Öffentlichkeit zu erreichen und gleichzeitig Kosten zu sparen, kooperierte die Unesco mit Zeitschriften.[283] Beiträge des Symposiums wurden in der Zeitschrift *Synthèses* 1947 veröffentlicht. Im August 1947 erkundigte sich der Herausgeber Jean Stadtsbaeder bei Havet, ob eine Son-

---

280 Ebd., Havet an Wright (20.10.1947), S. 257; UNESCO/3C/110/I, Records of the General Conference: Proceedings, S. 155.

281 UNESCO/5C/PRG/15 (I)/Annexe III, Bibliography of Publications issued by Unesco or under its Auspices, Paris 1973, 17.5.1949, S. 75f.; UNESCO/5C/3, Report of the Director-General, S. 53f; UNESCO/6C/PRG/16/Annex III, Report by the Director-General; UNESCO/7C/3, Report of the Director-General, S. 214.

282 Havet, Ce que l'élite, S. 8; Unesco, Droits de l'Homme, in: Le Courrier de l'Unesco 1 (1948) 5, S. 2; Unesco, Conceptions pratiques des Droits de l'Homme. Les conflits idéologiques n'empêchent pas l'action commune, affirme M Maritain, in: Le Courrier de l'Unesco 1 (1948) 8, S. 3; Unesco, Les Droits (1948).

283 UNESCO/4C/PRG/6 Add, Report on Missions, S. 8.

dernummer mit Beiträgen des Symposiums veröffentlicht werden könne. Sowohl Somerhausen als auch der belgische Delegierte bei der Unesco Verniers unterstützten Stadtsbaeders Anfrage. Da die Unesco selbst eine Sammlung der Beiträge veröffentlichen wollte und da das Verhältnis zwischen den Vereinten Nationen und der Unesco wegen der Arbeit des Komitees belastet war, reagierte das Sekretariat zunächst zurückhaltend auf das Angebot. Auch zweifelte Havet an der Qualität der Zeitschrift: „Cette revue, qui avait commencé par être une revue très spécialisée de logistique, a étendu son domaine de telle sorte que celui-ci ne semble pas très précis aujourd'hui. En parcourant les exemplaires ci-joints je n'ai rien relevé de particulièrement remarquable. [...] Je crois que l'Unesco n'est pas disposée à subventionner un grand nombre de revues, et dans ces conditions, celle-ci ne me semble pas intimement reliée à ses buts principaux, ni d'une qualité supérieure au niveau moyen des autres. Naturellement il sera toujours intéressant de demeurer en rapport de travail avec son Comité de Rédacteur."[284] Dennoch entschied man sich für eine Kooperation mit der Zeitschrift *Synthèses*, um die Umfrage in der Öffentlichkeit bekannt zu machen.[285]

In vier Beiträgen wurde das Symposium dokumentiert. In einem Editorial betonte Maurice Lambilliotte, *Conseiller Economique* des belgischen Premierministers, welch große Bedeutung eine allgemeine Erklärung der Menschenrechte in der Gegenwart habe, der eine Synthese individualistischer und kollektivistischer Interpretationen gelinge. Dem Editorial folgte das Memorandum *Les Droits de l'Homme*, das Julian Huxley als Autor nennt, und das Dokument der ersten Sitzung des Komitees *Les Fondements d'une Déclaration Internationale des Droits de l'Homme*. Abschließend fasste Somerhausen in seinem Text *Le Problème Philosophique des Droits de l'Homme* die Arbeit der UN-Menschenrechtskommission und des Unesco-Komitees zusammen.[286]

---

284 UNESCO/342.7 (100) A 14/315, Synthèses: Havet an Huxley (26.08.1947).

285 Ebd.; ebd., Somerhausen an Havet (5.08.1947); ebd., Havet an Thomas (26.08.1947).

286 Maurice Lambilliotte, Une Nouvelle Déclaration des Droits de l'Homme, in: Synthèses 2 (1947) 6, S. 261-266; Julian Huxley, Les droits de l'Homme, in: Ebd., S. 267-273; Richard McKeon, Les Fondements d'une Déclaration Internationale des Droits de l'Homme, in: Ebd., S. 274-187; Luc Somerhausen, Le problème philosophique, S. 288-292.

Obwohl die Unesco sich bei Stadtsbaeder für die Sondernummer bedankte, so kennzeichnete doch die fehlerhafte Darstellung des Symposiums das Ergebnis. Im Editorial war die Unesco fälschlicherweise als Autor der Menschenrechtsdeklaration genannt worden, das Memorandum wurde als persönlicher Beitrag Huxleys bezeichnet, der Text *Les Fondements d'une Déclaration Internationale des Droits de l'Homme* wurde McKeon zugeschrieben, und die Mitglieder des Komitees wurden als offizielle Repräsentanten ihrer jeweiligen Länder bezeichnet.[287]

Die Fehler im Editorial entstanden, weil Lambilliotte nur Somerhausens Artikel und seinen kurzen Bericht für den belgischen Premierminister gelesen hatte. Dass aber Huxley als Verfasser des Memorandums betrachtet wurde, war nicht nur in der Redaktion von *Synthèses* verbreitet, sondern wurde auch von Somerhausen und Mitarbeitern im Sekretariat der Unesco geteilt. In seinem Beitrag für *Synthèses* schrieb Somerhausen: „Le lecteur ne laissera pas d'être frappé par la hauteur exceptionnelle des vues qui animent le directeur général de l'U.N.E.S.C.O. quand il lira, dans ces colonnes, son mémorandum sur le problème philosophique des droits de l'homme."[288] Und Havet betonte gegenüber Frankfurter am 19. September 1947: „I have the pleasure in enclosing, at Professor Laski's suggestion, a few Unesco documents which I hope will interest you. Document Unesco/Phil/1 is a memorandum which Dr Huxley, Director General of Unesco, prepared as a questionnaire for an enquiry Unesco made this year on the philosophical principles of the rights of man."[289]

Möglicherweise verwarf der belgische Delegierte Dehousse in der UN-Menschenrechtskommission deshalb das Unesco-Dokument, weil er für die falschen Angaben und die geringe Berücksichtigung der Vereinten Nationen in den Artikeln von *Synthèses* die Unesco verantwortlich machte. So hätte die Zeitschrift die Umfrage der Unesco an die Öffentlichkeit gebracht, doch gleichzeitig auch eine positive Reaktion der UN-Menschenrechtskommission verhindert.[290]

---

287 UNESCO/342.7 (100) A 14/315, Synthèses: Havet an Stadtsbaeder (17.10.1947).
288 Somerhausen, Le problème philosophique, S. 290.
289 UNESCO/342.7 (100): 1 A 02/II, Comité (1947-1952): Havet an Frankfurter (16.09.1947), S. 210/213. Vgl. ebd., Havet an Sartre (ohne Datum), S. 159/162.
290 Lindholm, Article 1, S. 37.

Ebenfalls an die breite Öffentlichkeit wandte sich die bereits erwähnte Ausstellung, in der die Geschichte der Menschenrechte dargestellt wurde und die mit einem Zitat Gandhis aus seiner Stellungnahme für das Symposium endete. Zuerst wurde die Ausstellung vom 1. Oktober bis 31. Dezember 1949 im *Musée Galliéra* in Paris gezeigt, dann wanderte sie in verschiedene französische Städte (Toulouse, Limoges, Clermont-Ferrant), ehe sie auf Haiti und in Deutschland präsentiert wurde.[291]

Das *Comité sur les principes philosophiques des droits de l'homme* wirkte auch auf Nichtregierungsorganisationen und förderte deren Zusammenarbeit mit der Unesco. Die *International Federation of Philosophic Studies* (IFPS) wurde 1950 von der Unesco beauftragt, den Begriff „Freiheit" zu untersuchen. Dieses Projekt setzte die Untersuchung des Komitees fort und war auf dessen Empfehlung begonnen worden. Die IFPS versandte Rundschreiben und Fragebögen an 400 Philosophen, Juristen, Gelehrte und Journalisten, von denen 59 aus fünfzehn verschiedenen Ländern antworteten. Die Föderation untersuchte die Beiträge und veröffentlichte ihren Bericht 1952 in den Zeitschriften *Journal of Philosophy* und *Revue Internationale de Philosophy*. Im Juli 1953 erschien das Buch *Enquête sur la Liberté*, in dem 46 Stellungnahmen in ihrer Originalsprache und der Bericht des Sekretariats abgedruckt waren.[292]

Nichtregierungsorganisationen informierten sich über die Arbeit des Komitees und traten somit in Kontakt mit der Unesco, darunter das *Research Co-ordination Committee* in London, die *Hungarian Lawyer Association* und die *Alliance Israëlite Universelle*. James Yen vom *American Chinese Com-*

---

291 Unesco, Droits Universels. Siècles d'histoire exposé sous le patronage de l'Unesco, in: Le Courier de l'Unesco 2 (1949) 9, S. 5; UNESCO/4C/3, Report of the Director-General, S. 78; UNESCO/5C/PRG/13, Report on the Universal Declaration, S. 2ff.; UNESCO/20 EX/4, Executive Board 1950. Volume XIV. Twentieth Session. Visit to Germany of the Unesco Human Rights Exhibition, 26.03.1950; UNESCO/20 EX/SR 6, Executive Board 1950. Twentieth Session. Summary Record of the Sixth Meeting, held on Wednesday 29 March 1950, 20.07.1950, S. 5.

292 UNESCO/2C/36-Annex A, Committee of Experts on Philosophy and Humanistic Studies, S. 6; UNESCO/2C/132/II, Records of the General Conference: Resolutions, S. 25; UNESCO/6C/3, Report of the Director-General, S. 78; International Council for Philosophy and Humanistic Studies, Bulletin 1950, Paris (ohne Jahresangabe), S. 35; International Council for Philosophy and Humanistic Studies, Bulletin 1951 - 1952 - 1953, Paris (ohne Jahresangabe), S. 50; International Federation of Societies of Philosophy, Enquête sur la liberté, Paris 1953.

mittee for Mass Education wollte sich nicht nur über die Menschenrechtsarbeit der Unesco unterrichten, sondern schlug auch einen Autor für die Einleitung der Publikation vor.[293]

Die Autoren der Beiträge und andere Korrespondenzpartner der Unesco beurteilten die Umfrage und die Arbeit des *Comité sur les principes philosophiques des droits de l'homme* unterschiedlich. Eliot und Read kritisierten seine grundlegenden Annahmen. Das vielfältige Schillern des Begriffs „Menschenrechte" mache einen Konsens über seine philosophischen Grundlagen unmöglich, so Eliot. Deshalb solle sich weniger eine offizielle Institution wie die Unesco mit dieser Frage beschäftigen, sondern vielmehr sollten Philosophen als unabhängige Experten darüber beraten. Auch seien nicht Wirtschaftsexperten, Politologen und Schriftsteller am besten für diese Umfrage geeignet, sondern Europas beste Theologen und Semantiker müssten befragt werden. Auch dass in dem historischen Abriss des Memorandums die Menschenrechte als Produkt des 18. Jahrhunderts bezeichnet wurden, sei längst überholt. Denn welche Stellung das Individuum im Universum einnehme, würde in dieser individualistischen Konzeption nicht berücksichtigt. Schließlich sei kein unmittelbarer politischer Nutzen von der Umfrage zu erwarten, da Menschenrechte nur abstrakt, niemals aber mit einem praktischen Ziel diskutiert werden könnten.[294]

Read kritisierte ebenfalls die Abstraktion der Fragestellung und zweifelte an ihrem Nutzen. „Even if the Commission on Human Rights can agree on all the philosophical implications underlying such a document [...], I do not see that the future of Western Civilization is made one degree securer. My own conviction is that cultural change can never be brought about by any process of intellectual assent. Real change is always essentially molecular and effected on the physical and emotional level of human society."[295] Read zweifelte, ob Menschenrechte universal gültig seien und ob nicht zuerst Aggressi-

293 UNESCO/342.7 (100): 1 A 02/II, Comité (1947-1952): Cofman an Martin (4.09.1947), S. 175f/178f; ebd., Szladits an Havet (10.10.1947), S. 238/241; ebd., Havet an Hessen (15.10.1947), S. 240/243; ebd., Yen an Huxley (1.12.1947), S. 267/270; ebd., Havet an Weill (ohne Datum), S. 306/309.

294 Ebd., Eliot an Havet (15.07.1947), S. 92/95; UNESCO/342.7 (100): 1 A 02/I, Comité (1947): Eliot an Huxley (18.04.1947), S. 133/126.

295 Ebd, Read an Huxley (19.04.1947), S. 136/129.

vität und Sadismus bekämpft werden müssten, bevor eine Menschenrechtsdeklaration verfasst werden könne.[296]

Aldous Huxley erschien eine Menschenrechtsdeklaration bedeutungslos, solange die Bevölkerung in den Ländern Osteuropas, Asiens, Afrikas und Südamerikas rasch wachse, während sie sich in den westlichen Staaten verringere. Deshalb könne eine Deklaration nicht erfolgreich sein, und weitere Konflikte seien unvermeidbar.[297]

Auch Benedetto Croce zweifelte, ob eine Erklärung universaler Menschenrechte möglich und sinnvoll sei. Alle früheren Menschenrechtserklärungen basierten auf dem Naturrecht. Da Rechte sich jedoch im Laufe der Geschichte wandelten, würden aus universalen Rechten Rechte der Menschen in seiner spezifischen historischen Situation. Ebenso sprächen moralische Überlegungen gegen universale Rechte. Die Moral kenne nur Rechte, die mit Pflichten verbunden seien und die aus sich selbst ihre unbedingte Anerkennung schöpften. Drittens verhindere der ideologische Gegensatz zwischen Liberalismus und Totalitarismus der Nachkriegszeit einen weltweiten Konsens. Nur wenn eine öffentliche und internationale Debatte über grundlegende Prinzipien der menschlichen Zivilisation stattfinde, könne in einem weiteren Schritt eine allgemeine Menschenrechtserklärung angestrebt werden.[298]

Schließlich wurde die Auswahl der Komiteemitglieder kritisiert, vor allem von Arthur Colegate aus Großbritannien. „I was greatly disappointed to see […] that Profs Harold Laski and C. H. Carr were to be the British Representatives. […] [T]hey and their opinions are quite unacceptable to the majority of people in their country and any report that they give will be regarded as just another manifesto of Leftist intellectuals. Had Prof. Laski been balanced by someone from the Right the matter would be in a different footing. […] I am greatly perturbed by the wide-spread feeling that the United Nations organization is already a failure. If Unesco is going to be the plaything of what will be thought here to be theoretical rootless, Leftist intelligentsia it will be

296 UNESCO/342.7 (100): 1 A 02/II, Comité (1947-1952): Read an Huxley (9.07.1947), S. 69/72.

297 Ebd., A. Huxley an J. Huxley (21.08.1947), S. 147/150.

298 UNESCO/342.7 (100): 1 A 02/I, Comité (1947): Croce an Huxley (15.04.1947), S. 111ff.

damned from the start. The composition of the committee in question would certainly appear to bear out this possibility."[299]

Die Unesco wies diese Kritik zurück, denn weder politische noch ideologische Parteilichkeit hätte die Auswahl der Mitglieder beeinflusst. Vielmehr war es das Ziel, dass die ausgewählten Personen die Beiträge der Umfrage vorurteilsfrei untersuchen und dabei sowohl westlich-liberale als auch sowjetisch-kommunistische Vorstellungen nachvollziehen konnten. Es entsprach diesem Grundsatz, dass Gilson als Mitglied der Komitees während der ersten Sitzung erwähnt wurde, obwohl er nur an der letzten Sitzung teilgenommen hatte. Ein Konsens zwischen Gilson, einem Mitglied der *Académie française*, und Laski, einem Mitglied der *Labour Party*, erschien möglich. Zweifel könnten aber an der Wahl Laskis aufkommen, der am zweiten Treffen des Komitees im September 1947 nicht teilnehmen konnte, um eine Versammlung der *Labour Party* zu besuchen. Parteipolitische Ziele waren wichtiger als die Ziele der Unesco. Doch auch Gilson nahm nur an dem ersten Treffen des Komitees teil, da später parlamentarische Pflichten seine weitere Teilnahme verhinderten.[300]

Andere Korrespondenzpartner zeigten jedoch großes Interesse an der Untersuchung und begrüßten die Arbeit des Komitees. Sergius Hessen vom Institut für Erziehung an der Universität Lodz und Felix Frankfurter vom *Supreme Court* in den Vereinigten Staaten, Hersch Lauterpacht und Danzer-Vanotti - alle baten um weitere Information über die Arbeit des *Comité sur les principes philosophiques des droits de l'homme*. Welche Beiträge und Informationen an sie verschickt wurden, bestimmte das Sekretariat und beeinflusste dadurch die Wirkung des Komitees. So schickte Havet an Frankfurter, der um einige Beiträge des Symposiums ohne genauere Angaben zu den Autoren bat, die Stellungnahmen Laskis, Carrs, McKeons und Tchechkos.[301]

---

299 UNESCO/342.7 (100): 1 A 02/II, Comité (1947-1952): Colegate an Unesco (5.07.1947), S. 66ff/69ff.

300 Ebd., Havet an Huxley (10.07.1947), S. 72/75; ebd., Berkeley an Colegate (22.07.1947), S. 103/106; ebd., Havet an Carr (1.08.1947), S. 133/136; ebd., Laski an Huxley (18.09.1947), S. 217/220; ebd., Gilson an Huxley (9.06.1948), S. 281/284.

301 Ebd., Hessen an Huxley (25.08.1947), S. 151/154; ebd., Havet an Frankfurter (16.09.1947), S. 210/213; ebd., Lauterpacht an Havet (16.09.1947) S. 213/216; ebd., Havet an Stevenson (13.10.1947), S. 239/242; ebd., Elfandi an Vanotti (20.10.1948), S. 307/310.

Schließlich unterstützten Northrop und Wright die Veröffentlichung des Symposiums und trugen zu seiner Bekanntheit bei. Während sich Wright um einen Verlag für die Veröffentlichung des Symposiums in den Vereinigten Staaten bemühte, wollte Northrop den Beitrag Tchechkos in einem Sammelband veröffentlichen.[302]

[302] Ebd, Havet an Wright (20.10.1947), S. 255/258; ebd., Northrop an Unesco (24.12.1947), S. 268/271.

5. Zusammenfassung

Durch die Erfahrung des Nationalsozialismus und des Zweiten Weltkriegs gewann die Idee der Menschenrechte während des Krieges und in seiner unmittelbaren Folge an Bedeutung. Einzelpersonen und Nichtregierungsorganisationen ergriffen die Initiative und setzten sich für einen internationalen Menschenrechtsschutz ein; nationale Regierungen warben für internationale Regierungsorganisationen, um Frieden dauerhaft zu sichern, und forderten eine internationale Menschenrechtsdeklaration. Doch die internationale Öffentlichkeit und nationale Regierungen agierten nicht unabhängig voneinander, vielmehr wirkten sie aufeinander ein. Nationale Regierungen griffen private Initiativen auf und integrierten sie in ihre Politik: Wells Menschenrechtsdeklaration wirkte auf Präsident Roosevelt ein, und die Arbeit des *American Law Institute* beeinflusste die Politik Panamas auf der Konferenz von San Francisco. Andererseits profitierten Nichtregierungsorganisationen von der Menschenrechtspolitik nationaler Regierungen: Roosevelt unterstützte das *American Jewish Committee* darin, die amerikanische Regierung auf der Konferenz von San Francisco zu beraten. Dieses Gemenge flottierender Menschenrechtsinitiativen formte zunächst indirekt das Unesco-Komitee, indem in der Satzung der Vereinten Nationen und der Unesco die Menschenrechte verankert wurden. Indem die Grundrechtscharter Indiens von dem Unesco-Sekretariat rezipiert wurde, Nichtregierungsorganisationen, wie etwa das *American Chinese Committee for Mass Education*, auf das Komitee einwirkten und verschiedenste Personen der internationalen Öffentlichkeit um Beiträge für das Symposium und um ihre Teilnahme an dem Komitee gebeten wurden, beeinflusste die internationale Gemeinschaft das Komitee direkt. Doch förderte die internationale Gemeinschaft nicht nur das *Comité sur les principes philosophiques des droits de l'homme*, sondern hemmte es auch in seinen Zielen. Die Politik der Sowjetunion machte es beinahe unmöglich, einen sowjetischen Beitrag für das Symposium zu erhalten, und die Regierungen Australiens und Großbritanniens versuchten, die Auswahl der Teilnehmer des Komitees zu beeinflussen.

Ebenso wie die internationale Gemeinschaft wirkten die Vereinten Nationen auf das Komitee ein. Indem ECOSCO 1946 die UN-Menschenrechtskommission gründete und deren Aufgaben bestimmte, wurde implizit auch das Ziel des Unesco-Projekts festgelegt. Die UN-Menschenrechtskommission wirkte auf das Komitee ein, indem sie Terminpläne vorgab und Zielvorgaben präzisierte. So wurde die Unesco gezwungen, statt einer Konferenz eine Umfrage über die philosophische Begründung der Menschenrechte mit einem kleinen Redaktionskomitee zu organisieren. Das Sekretariat „Menschenrechte" der Vereinten Nationen nahm Einfluss auf das Komitee, indem es inhaltliche und zeitliche Vorgaben präzisierte und korrigierte. Doch agierten die Vereinten Nationen nicht unabhängig, sondern waren an das Votum der Mitgliedsstaaten und ihrer Vertreter gebunden, die über die Zusammensetzung des ECOSOC und der Menschenrechtskommission bestimmten.

Schließlich wirkten die Organe der Unesco auf das Komitee ein. Ihre Satzung fordert die Förderung der Menschenrechte; die Generalkonferenz entschied über die Gründung des Komitees, dessen Kooperation mit den Vereinten Nationen und die Publikation der Ergebnisse; das Exekutivkomitee verlängerte das Projekt und überwachte seine Realisierung; die Programmkommmission diskutierte die Zusammensetzung und die Ziele des Komitees; und das Sekretariat bereitete die Arbeit des Komitees vor. Besonders der Generaldirektor Huxley und der Leiter der Unterabteilung „Philosophie" der Sektion *Humanities and Philosophy* Havet prägten die Umfrage und das Komitee. Sie verfassten das Memorandum für die Einladungsschreiben, wählten die Personen für die Beiträge und die Teilnehmer des Komitees aus und bestimmten den Autor für die Einleitung der Publikation. Havet übersetzte Dokumente des Komitees, bestimmte dessen Tagesordnung und vertrat das Projekt vor der UN-Menschenrechtskommission. Doch agierten auch die Organe der Unesco nicht unabhängig von externen Einflüssen. Mitgliedsstaaten bestimmten auf den Generalkonferenzen die Richtlinien der Politik in den Bereichen Philosophie und Menschenrechte, die Vereinten Nationen verlangten eine effektive Arbeitsteilung zwischen ihren Sonderorganisationen, und Vertreter nationaler Kommissionen wirkten auf das Projekt ein.

Andererseits beeinflusste jedoch auch das Komitee die Unesco und die Vereinten Nationen, nationale Regierungen und die internationale Öffentlichkeit. Das *Committee of Experts on Philosophy and Humanistic Studies* der Unesco übernahm seine Empfehlungen und forderte die Generalkonferenz auf, eine Analyse fundamentaler philosophischer Konzepte durchzuführen; die zweite Generalkonferenz verwandelte die Empfehlung in eine Resolution; das Sekretariat organisierte 1948 eine Konferenz über den Begriff „Demokratie". Dass Mitglieder des *Comité sur les principes philosophiques des droits de l'homme* an dem Expertentreffen, der Generalkonferenz und der Konferenz über den Begriff „Demokratie" teilnahmen, verstärkte dessen Wirkung. Auch das Menschenrechtsprogramm der Unesco profitierte von der Arbeit des Komitees. Die Menschenrechtsausstellung endete mit einem Zitat aus dem Beitrag Gandhis für das Symposium, eine Reihe kurzer Schriften über einzelne Menschenrechte erschien, und bei der Interpretation des Artikels 27 der Allgemeinen Erklärung der Menschenrechte nutze die Unesco die Erfahrungen des Komitees. Als die Unesco die Vereinten Nationen dabei unterstützte, eine Kovention über wirtschaftliche und soziale Rechte zu erarbeiten, waren die Erkenntnisse des Komitees ebenfalls hilfreich. Schließlich bewirkte die Arbeit des Komitees, dass die Publikationspolitik der Unesco präzisiert und koordiniert wurde: Eine Gesamtstrategie wurde entworfen, die Finanzierung von Veröffentlichungen geklärt und Übersetzungsfragen diskutiert. Doch das Komitee entfaltete seine Wirkung nicht nur innerhalb der Unesco, sondern warf auch Fragen auf, die die Beziehung zwischen der Unesco, ihren Mitgliedsstaaten und den Vereinten Nationen betrafen.

Das *Comité sur les principes philosophiques des droits de l'homme* förderte die Zusammenarbeit zwischen den Vereinten Nationen und der Unesco, indem es über seine Arbeit das *Department of Social Affairs*, die Menschenrechtskommission und das Sekretariat „Menschenrechte" informierte und indem es die Unesco aufforderte, weitere Projekte mit den Vereinten Nationen zu realisieren. Das eigentliche Ziel, die UN-Menschenrechtskommission bei der Formulierung der Allgemeinen Erklärung der Menschenrechte zu unterstützen, wurde jedoch nur in sehr begrenztem Maß erreicht. Die meisten Mitglieder der Kommission lehnten die Vorstellungen des Komitees ab, während nur einige wenige davon beeinflusst wurden. Zwischen der Allgemeinen Erklärung der Menschenrechte und der Liste der Rechte des Komitees lassen sich nur geringe Ähnlichkeiten erkennen. Vielmehr wirkte die kritische Distanz der Menschenrechtskommission auf die Unesco zurück, da sich die Organisation künftig auf Fragen konzentrierte, die im eigentlichen Aufgabenfeld der Organisation, in den Bereichen Bildung, Wissenschaft und Kultur, lagen.

Gegenüber der internationalen Gemeinschaft war die Wirkung des Komitees ambivalent. Einige nationale Regierungen sahen durch die Wahl der Komiteemitglieder ihre staatliche Souveränität beeinträchtigt, wodurch ihr Verhältnis zur Unesco belastet wurde; andere Staaten interessierten sich für die Berichte des Symposiums und kommentierten die Stellungnahmen. Die internationale Öffentlichkeit, Einzelpersonen und Nichtregierungsorganisationen wurden über das Symposium verschiedenartig informiert. Sei es über die Buchpublikation, über Artikel in Zeitschriften oder über Ausstellungen, immer versuchte die Unesco, möglichst viele Menschen zu erreichen. Dass verschiedene Personen das Symposium kommentierten, dass Nichtregierungsorganisationen um weitere Informationen baten und dass die Unesco mit einigen von ihnen eng zusammenarbeitete, ist ebenfalls auf die Arbeit des Komitees zurückzuführen. Ein fehlerhafter Bericht über das Symposium in der Zeitschrift *Synthèses* bewirkte jedoch auch, dass sich die UN-Menschenrechtskommission von der Arbeit des Komitees distanzierte und deshalb seine Wirkung begrenzt blieb.

Wie manifestierte sich die Idee der Menschenrechte im *Comité sur les principes philosophiques des droits de l'homme*? Die internationale Öffentlichkeit, nationale Regierungen, die Vereinten Nationen und die Unesco initiierten und modulierten die Diskussion der Menschenrechte im Komitee. Das Komitee beeinflusste über die Diskussion der Menschenrechte die Unesco, die Vereinten Nationen, nationale Regierungen und die internationale Öffentlichkeit.

Quellen

Korrespondenzakten des Unesco-Sekretariats

UNESCO/342.7 (100): 1 A 02/I, Comité sur les principes philosophiques des droits de l'homme. Part I up to 31 May 1947, 1947; im Internet: http://www.unesco.org/ general/eng/infoserv/archives/files_online/AG08SF00007M.pdf.

UNESCO/342.7 (100): 1 A 02/II, Comité sur les principes philosophiques des droits de l'homme. Part II from 1 June 1947, 1947-1952; im Internet: http://www.unesco. org/general/eng/infoserv/archives/files_online/AG08SF00008M.pdf.

UNESCO/342.7 (100) A 14/315, Synthèses, Human Rights - Publicity Article in Revue Synthèses, 1947/1948.

Dokumente des Unesco-Sekretariats

UNESCO/Phil./1/1947 + CORR., Memorandum on Human Rights, 27.03.1947; im Internet: http://unesdoc.unesco. org/images/0012/001240/124068eb .pdf.

— Mémorandum sur les droits de l'homme, 27.03.1947; im Internet: http://unesdoc.unesco.org/images/0012/001240/124068fb.pdf.

UNESCO/Phil./4/1947, Blaha, Arnost I., Reply to the Questionnaire on the Rights of Man, 13.06.1947; im Internet: http://unesdoc.unesco.org/images/0012/001243/ 124339eb.pdf.

UNESCO/Phil./5/1947, Maritain, Jacques, Communications with regard to the Draft Declaration on the Rights of Man, 18.06.1947; im Internet: http://unesdoc.unesco. org/images/ 0012/001243/124341eb.pdf.

UNESCO/Phil./6/1947, Skov, Peter, Remarks on a New Declaration of the Rights of Man, 19.06.1947; im Internet: http://unesdoc.unesco.org/images/ 0012/001243/ 124343eb.pdf.

UNESCO/Phil./8., Report of the First Meeting of the Committee of Experts Convened by Unesco on the Philosophical Principles of the Rights of Man, 31.07.1947; im Internet: http://unesdoc.unesco.org/images/0012/ 001243/124346eb.pdf.

UNESCO/Phil./9., Report of the Unesco Committee on the Philosophic Principles of the Rights of Man, Paris, June 26-July 2, 31.07.1947.

UNESCO/Phil./10., The Grounds of an International Declaration of Human Rights, 7.07.1947.

UNESCO/Phil./10., The Grounds of an International Declaration of Human Rights, 31.07.1947; im Internet: http://unesdoc.unesco.org/images/0012/ 001243/124350 eb.pdf .

UNESCO/Phil./12., Committee of Experts to consider a UNESCO Programme in the Field of Philosophy and Humanistic Studies, 12.09.1947; im Internet: http://unesdoc.unesco.org/ images/0012/001243/124351eb.pdf .

UNESCO/PHS/3, Provisional Manuscript. A Collective Approach to the Problems of Human Rights. Edited by Unesco. With an Introduction by Jacques Maritain, 15.06.1948.

UNESCO/PHS/3 (rev.), Human Rights. Comments and Interpretations. A Symposium edited by Unesco. With an Introduction by Jacques Maritain, 25.07.1948.

UNESCO/PHS/6, Report of the Meeting of the Editorial and Publication Committee of the Philosophic Principles of Human Rights, July 6 - 9, 1948, 15.07.1948.

UNESCO/PHS/10, Philosophical Analysis of Current Ideological Conflicts, 15.11.1948.

Dokumente der Preparatory Commission der Unesco

UNESCO/Prep.Com./Letters & Phil./Com./4/1946, Memorandum on the Philosophy Programme of UNESCO, 24.06.1946.

UNESCO/Prep.Com./51 (rev.1)/Chapter VIII/1946, UNESCO - Preparatory Commission - Revised Progress Report on the Programme of the UNESCO, 16.08.1946.

Dokumente der Unesco-Generalkonferenzen

UNESCO/C/Admin.&Jur./S.C.Leg.&Ext.Rel./5/Art. VIII, Report of the Legal and External Relations Sub-Commission to the Administrative and Legal Commission, 5.12.1946.

UNESCO/C/Admin. & Jur./S.C.Leg. & Ext.Rel./V.R. 1/1946, Legal and External Relations Sub-Commission. Verbatim Record of the First Meeting held on Thursday 28 November 1946, 2.12.1946.

UNESCO/C/Admin.&Jur./S.C.Leg.&Ext.Rel./V.R. 4/1946, Legal and External Relations Sub-Commission. Verbatim Record of the Fourth Meeting held on Monday 2 December 1946, 2.12.1946.

UNESCO/C/Prog.Com./S.C.Soc.Sci/V.R.4/1946, Social Science, Philosophy and Humanistic Studies Sub-Commission. Verbatim Record of the Fourth Meeting held on Saturday 30 November 1946, 30.11.1946.

UNESCO, Journal of the General Conference. First Session, Resolutions Adopted on the Report of the Programme Commission, No 22, 13-16 December 1946.

UNESCO, The Programme of Unesco for 1947 (as approved by the Executive Board at its Second Session, 10th to 15th April 1947), in: General Conference. First Session, Paris 1947, S. 269-277.

UNESCO/C/7, Report of the Preparatory Commission, 4.11.1946.

UNESCO/C/28, Agreement between the United Nations and the United Nations Educational, Scientific and Cultural Organisation, 14.01.1947.

UNESCO/2C/4, Report of the Director-General on the Activities of the Organisation in 1947, 20.09.1947.

UNESCO/2C/35, Report of the Second Meeting of the Editorial and Publication Committee of the Philosophic Principles of Human Rights, 5.10.1947.

UNESCO/2C/36, Role of Philosophy and the Humanities in Unesco's work. Programme of Action Suggested for 1948, 13.10.1947.

UNESCO/2C/36-Annex A, Report of the Committee of Experts on Philosophy and Humanistic Studies, Paris, 22 - 26 September 1947, 5.10.1947.

UNESCO/2C/47, Participation of National Commissions and Co-operating Bodies in the Execution of the Programme of UNESCO, 5.10.1947.

UNESCO/2C/76/Addendum 1, Proposal for a Consolidated United Nations-Unesco Budget. Note by the Secretariat Including Decisions of the United Nations, 17.11.1947.

UNESCO/2C/77, Publication of a Digest of the Philosophic Principles of Human Rights. Report by the Secretariat, 15.10.1947.

UNESCO/2C/132/I, Records of the General Conference of Unesco. Second Session. Mexico 1947. Volume 1. Proceedings, April 1948.

UNESCO/2C/132/II, Records of the General Conference. Second Session. Mexico 1947. Volume II. Resolutions, April 1948.

UNESCO/2C/J/2, Working Party J: Philosophy and Humanistic Studies. Report of the Working Party, 18.11.1947.

UNESCO/2C/J/SR. 2, Working Party J: Philosophy and Humanistic Studies. Summary Record of the Second Meeting, 11.11.1947.

UNESCO/3C/3, Report of the Director-General on the Activities of the Organisation in 1948, 3.11.1948.

UNESCO/3C/5, The Programme of Unesco for 1949 as recommended by the Executive Board, 27.07.1948.

UNESCO/3C/110/I, Records of the General Conference. Third Session. Beirut 1948. Volume I. Proceedings, April 1949.

UNESCO/3C/110/II, Records of the General Conference. Third Session. Beirut 1948. Volume II. Resolutions, Februar 1949.

UNESCO/3C/OXR/6/PRG, Relations with Germany, 20.10.1948.

UNESCO/3C/OXR/7, Relations with Japan. Report by the Executive Board, 20.10.1948.

UNESCO/4C/Proceedings, Records of the General Conference. Fourth Session, Paris 1949. Proceedings, Dezember 1949.

UNESCO/4C/Resolutions, Records of the General Conference. Fourth Session. Paris, 1949. Resolutions, November 1949.

UNESCO/4C/3, Report of the Director-General on the Activities of the Organisation in 1949, September 1949.

UNESCO/4C/OXR/5/Annex 1/2, Agreement between Unesco and the United Nations, 10.08.1949.

UNESCO/4C/OXR/16, Report of the Director-General on the Activities of the Organisation in Germany During 1949 and Policy to be adopted in 1950, 17.08.1949.

UNESCO/4C/PRG/6, Report on Unesco's Publications, 1.08.1949, S. 3.

UNESCO/4C/PRG/6Add., Report on Missions to Increase Decentralized Production and Distribution of Documents and Publications, 13.09.1949.

UNESCO/18 EX/2, Executive Board 1949. Volume XI. 18th Session. Progress Report for the Period September-November 1949 submitted by the Director-General, M. Torres Bodet, to the Executive Board of Unesco 24. November 1949, 25.11.1949.

UNESCO/20 EX/4, Executive Board 1950. Volume XIV. Twentieth Session. Visit to Germany of the Unesco Human Rights Exhibition, 26.03.1950.

UNESCO/20 EX/SR 6, Executive Board 1950. Twentieth Session. Summary Record of the Sixth Meeting, held on Wednesday 29 March 1950, 20.07.1950.

Weitere Quellen

Abkommen zwischen den Vereinten Nationen und der Organisation der Vereinten Nationen für Erziehung, Wissenschaft und Kultur, in: Wolfgang Kleinwächter und Falko Raaz (Hrsg.), Die Organisation der Vereinten Nationen für Erziehung, Wissenschaft und Kultur, Berlin 1984, S. 186-211.

Autour de la Nouvelle Déclaration des Droits de l'Homme. Textes réunis par l'U.N.E.S.C.O., Paris 1949.

Barnes, Leonard, The Rights of Dependent Peoples, in: Human Rights. Comments and Interpretations. A Symposium edited by Unesco with an Introduction by Jacques Maritain, London und New York 1949, S. 242-245.

Carr, Edward Hallet, The Rights of Man, in: Human Rights. Comments and Interpretations. A Symposium edited by Unesco with an Introduction by Jacques Maritain, London und New York 1949, S. 19-23.

Charter of the United Nations Organization, in: Hans von Mangoldt und Volker Rittberger (Hrsg.), Das System der Vereinten Nationen und seine Vorläufer Band I/1: Vereinte Nationen, München 1995, S. 12-73.

Constitution of the United Nations Educational, Scientific and Cultural Organisation, in: Hans von Mangoldt und Volker Rittberger (Hrsg.), Das System der Vereinten Nationen und seine Vorläufer Band I/2: Sonderorganisationen und andere Organisationen, München 1995, S. 506-535.

Dei diritti dell'uomo. Testi Raccolti dall'Unesco. Tr. par Carla di Scipip. Introduzione du Jacques Maritain, Mailand 1952.

Derechos del hombre, Mexiko und Buenos Aires 1949.

Elkin, A. P., The Rights of Man in Primitive Society, in: Human Rights. Comments and Interpretations. A Symposium edited by Unesco with an Introduction by Jacques Maritain, London und New York 1949, S. 226-241.

Fry, Margery, Human Rights and the Law-Breaker, in: Human Rights. Comments and Interpretations. A Symposium edited by Unesco with an Introduction by Jacques Maritain, London und New York 1949, S. 246-249.

Gandhi, Mahatma, Letter to the Director-General of UNESCO, in: Human Rights. Comments and Interpretations. A Symposium edited by Unesco with an Introduction by Jacques Maritain, London und New York 1949, S. 18.

Gerard, Ralpho Waldo, The Rights of Man: A Biological Approach, in: Human Rights. Comments and Interpretations. A Symposium edited by Unesco with an Introduction by Jacques Maritain, London und New York 1949.

Haesaert, Jean, Réflexions sur quelques déclarations des Droits de l'Homme, in: Autour de la Nouvelle Déclaration, S. 82-87.

Hallstein, Walter, Der Weg zur allgemeinen Verantwortung, in: Um die Erklärung der Menschenrechte. Ein Symposium. Mit einer Einführung von Jacques Maritain, Zürich-Wien-Konstanz 1951, S. 331-334.

Hessen, Sergius, The Rights of Man in Liberalism, Socialism and Communism, in: Human Rights. Comments and Interpretations. A Symposium edited by Unesco with an Introduction by Jacques Maritain, London und New York 1949, S. 108-142.

Human Rights. Comments and Interpretations. A Symposium edited by Unesco with an Introduction by Jacques Maritain, London und New York 1949.

—, Tokyo 1951.

Huxley, Aldous, The Rights of Man and the Fact of the Human Situation, in: Human Rights. Comments and Interpretations. A Symposium edited by Unesco with an Introduction by Jacques Maritain, London und New York 1949, S. 199-204.

Huxley, Julian, Les droits de l'Homme, in: Synthèses. Revue mensuelle internationale, hg. von Jean Stadtsbaeder 2 (1947) 6, S. 267-273.

Kabir, Humayun, Human Rights, The Islamic Tradition and the Problem of the World Today, in: Human Rights. Comments and Interpretations. A Symposium edited by Unesco with an Introduction by Jacques Maritain, London und New York 1949, S. 191-194.

Kandel, Isaac Leon, Education and Human Rights, in: Human Rights. Comments and Interpretations. A Symposium edited by Unesco with an Introduction by Jacques Maritain, London und New York 1949, S. 223-225.

Lambilliotte, Maurice, Une Nouvelle Déclaration des Droits de l'Homme, in: Synthèses. Revue mensuelle internationale, hg. von Jean Stadtsbaeder 2 (1947) 6, S. 261-266.

Laski, Harold J., Towards a Universal Declaration of Human Rights, in: Human Rights. Comments and Interpretations. A Symposium edited by Unesco with an Introduction by Jacques Maritain, London und New York 1949, S. 78-92.

Lewis, John, On Human Rights, in: Human Rights. Comments and Interpretations. A Symposium edited by Unesco with an Introduction by Jacques Maritain, London und New York 1949, S. 45-71.

Lien, Arnold. J., A Fragment of Thought concerning the Nature and Fulfilment of Human Rights, in: Human Rights. Comments and Interpretations. A Symposium edited by Unesco with an Introduction by Jacques Maritain, London und New York 1949, S. 24-30.

Lo, Chung-Shu, Human Rights in the Chinese Tradition, in: Human Rights. Comments and Interpretations. A Symposium edited by Unesco with an Introduction by Jacques Maritain, London und New York 1949, S. 186-190.

Madariaga, Don Salvador de, Rights of Man or Human Relations?, in: Human Rights. Comments and Interpretations. A Symposium edited by Unesco with an Introduction by Jacques Maritain, London und New York 1949, S. 62-70.

Maheu, René, Droit à l'information et droit d'expression d'opinion, in: Autour de la Nouvelle Déclaration des Droits de l'Homme. Textes réunis par l'U.N.E.S.C.O., Paris 1949, S. 182-185.

Maritain, Jacques, Introduction, in: Autour de la Nouvelle Déclaration des Droits de l'Homme. Textes réunis par l'U.N.E.S.C.O., Paris 1949, S. 11-18.

— Sur la philosophie des Droits de l'Homme, in: Autour de la Nouvelle Déclaration des Droits de l'Homme. Textes réunis par l'U.N.E.S.C.O., Paris 1949, S. 63-67.

McKeon, Richard, Les Fondements d'une Déclaration Internationale des Droits de l'Homme, in: Synthèses. Revue mensuelle internationale, hg. von Jean Stadtsbaeder 2 (1947) 6, S. 274-287.

— The Philosophic Bases and Material Circumstances of the Rights of Man, in: Human Rights. Comments and Interpretations. A Symposium edited by Unesco with an Introduction by Jacques Maritain, London und New York 1949, S. 35-46.

Northrop, F. S. C., Towards a Bill of Rights for the United Nations, in: Human Rights. Comments and Interpretations. A Symposium edited by Unesco with an Introduction by Jacques Maritain, London und New York 1949, S. 182-185.

Noyes, William Albert, Science and the Rights of Man, in: Human Rights. Comments and Interpretations. A Symposium edited by Unesco with an Introduction by Jacques Maritain, London und New York 1949, S. 215-217.

Dutt, Rajani Palme, Contribution to Discussion of Declaration on Human Rights, in: UNESCO/342.7 (100): 1 A 02/I, Comité sur les principes philosophiques des droits de l'homme. Part I up to 31 May 1947, 1947, S. 231/224-247/240; im Internet: http://www.unesco.org/general/eng/infoserv/archives/files_online/AG08SF0 0007M.pdf.

Puntambekar, S. V., The Hindu Concept of Human Rights, in: Human Rights. Comments and Interpretations. A Symposium edited by Unesco with an Introduction by Jacques Maritain, London und New York 1949, S. 195-198.

Somerhausen, Luc, Le problème philosophique des Droits de l'Homme, in: Synthèses. Revue mensuelle internationale, hg. von Jean Stadtsbaeder 2 (1947) 6, S. 288-293.

— Etat présent de la question des droits de l'homme, in: Autour de la Nouvelle Déclaration des Droits de l'Homme. Textes réunis par l'U.N.E.S.C.O., Paris 1949, S. 30-32.

Sommerville, John, Comparison of the Soviet and Western Democratic Principles, with Special Reference to Human Rights, in: Human Rights. Comments and Interpretations. A Symposium edited by Unesco with an Introduction by Jacques Maritain, London und New York 1949, S. 152-155.

Synthèses. Revue mensuelle internationale, hg. von Jean Stadtsbaeder 2 (1947) 6.

Tchechko, Boris, La conception des Droits de l'Homme en U.R.S.S. d'après les textes officiels, in: Autour de la Nouvelle Déclaration des Droits de l'Homme. Textes réunis par l'U.N.E.S.C.O., Paris 1949, S. 131-145.

Teilhard de Chardin, Pierre, Quelques Réflexions sur les droits de l'homme, in: Autour de la Nouvelle Déclaration des Droits de l'Homme. Textes réunis par l'U.N.E.S.C.O., Paris 1949, S. 88-89.

Um die Erklärung der Menschenrechte. Ein Symposium. Mit eine Einführung von Jacques Maritain, Zürich-Wien-Konstanz 1951.

Universal Declaration of Human Rights, in: The United Nations and Human Rights. 1945-1995, New York 1995, S. 153-155.

Verdross, Alfred, Die internationale Anerkennung der Menschenrechte als Voraussetzung des Weltfriedens, in: Um die Erklärung der Menschenrechte. Ein Symposium. Mit einer Einführung von Jacques Maritain, Zürich-Wien-Konstanz 1951, S. 335-341.

Wright, Quincy, Relationship between Different Categories of Human Rights, in: Human Rights. Comments and Interpretations. A Symposium edited by Unesco with an Introduction by Jacques Maritain, London und New York 1949, S. 143-151.

Zellweger, Eduard, Nulla poena sine lege, in: Um die Erklärung der Menschenrechte. Ein Symposium. Mit einer Einführung von Jacques Maritain, Zürich-Wien-Konstanz 1951, S. 342-327.

Literatur

Bonnet, Henri, La société des nations et la coopération intellectuelle, in: Journal of World History 10 (1966) 1, S. 199-209.

Burgers, J. H., The Road to San Francisco. The Revival of the Human Rights Idea in the 20th Century, in: Human Rights Quarterly 14 (1992), S. 447-477.

Cowell, F. R., Planning the Organisation of UNESCO, 1942-1946. A Personal Record, in: Journal of World History 10 (1966) 1, S. 210-236.

Democracy in a World of Tension. A Symposium prepared for Unesco by Richard McKeon with the Assistance of Stein Rokkan, Chicago 1951.

— Tel-Aviv 1954.

D'Entrèves, A. P., Natural Law. An Introduction to Legal Philosophy, London 1970^2.

Dicke, Klaus, „...das von allen Völkern und Nationen zu erreichende gemeinsame Ideal...". Zum Politikprogramm der Allgemeinen Erklärung, in: Vereinte Nationen 46 (1998) 6, S. 191-194.

Freedom and Culture. Introduction by Julian Huxley, London 1950.

Havet, Jacques, Ce que l'élite contemporain pense des Droits de l'Homme, in: Le Courrier de l'Unesco 1 (1948) 7, S. 8.

Hildebrand, Robert C., Dumbarton Oaks: The Origins of the United Nations and the Search for Post-War Security, Chapel Hill 1990.

International Council for Philosophy and Humanistic Studies, Bulletin 1950, Paris (ohne Jahresangabe).

International Council for Philosophy and Humanistic Studies, Bulletin 1951 - 1952 - 1953, Paris (ohne Jahresangabe).

International Federation of Societies of Philosophy, Enquête sur la liberté, Paris 1953.

Jacob Blaustein Institute for the Advancement of Human Rights, To Reaffirm Faith in Fundamental Human Rights 1945-1995, New York 1995.

Johnson, Glen M., The Contributions of Eleanor and Franklin Roosevelt to the Development of International Protection for Human Rights, in: Human Rights Quarterly 9 (1987), S. 19-48.

— A Magna Charta for Mankind: Writing the Universal Declaration of Human Rights, in: M. Glen Johnson und Janusz Symonides (Hrsg.), The

Universal Declaration of Human Rights. A History of its Creation and Implementation 1948-1998, Paris 1998, S. 19-75.
Kolosa, Jan, International Intellectual Cooperation, Warschau 1962.
Korey, William, NGO's and the Universal Declaration of Human Rights, New York 2001.
Krill de Capello, H. H., The Creation of the United Nations Educational, Scientific and Cultural Organisation, in: International Organization 24 (1970) 1, S. 1-30.
Kühnhardt, Ludger, Die allgemeine Erklärung der Menschenrechte vom 10. Dezember 1948, in: Aus Politik und Zeitgeschichte B49 (1988), S. 3-13.
Kultur in einer freien Welt, Vorwort von Julian Huxley, Wien 1956.
Les droits de l'esprit. Six études sur les aspects culturels de la Déclaration universelle des droits de l'homme. Réunis par l'Unesco, Paris 1950.
Lindholm, Tore, Article 1, in: Asbjørn Eide (Hg.), The Universal Declaration of Human Rights: A Commentary, Oslo 1993², S. 31-55.
Morsink, Johannes, The Philosophy of the Universal Declaration, in: Human Rights Quarterly 6 (1984), S. 309-334.
— World War Two and the Universal Declaration, in: Human Rights Quarterly 15 (1993), S. 357-405.
— The Universal Declaration of Human Rights. Origins, Drafting and Intent, Pennsylvania 1999.
Mårtenson, Jan, The Preamble of the Universal Declaration of Human Rights and the UN Human Rights Programme, in: Asbjørn Eide (Hg.), The Universal Declaration of Human Rights: A Commentary, Oslo 1993², S. 17-29.
Opitz, Peter J., Menschenrechte und internationaler Menschenrechtsschutz im 20. Jahrhundert, München 2002.
Opocensky, Jan, The Beginnings of UNESCO. 1942-1948. Band 1 und 2, Paris 1949/50.
Partsch, Karl Josef, Hoffen auf Menschenrechte. Rückbesinnung auf eine internationale Entwicklung, Zürich 1994.
Pham-Thi-Tu, La coopération intellectuelle sous la Société des Nations, Genf 1962.

Samnøy, Åshild, Human Rights as International Consensus. The Making of the Universal Declaration of Human Rights. 1945-1948, Bergen 1993.

Sathyamurthy, T. V., The Politics of International Cooperation. Contrasting Conceptions of UNESCO, Genf 1964.

Schmidt, Manfred G., Wörterbuch zur Politik, Stuttgart 1995.

Skogly, Sigrun, Article 2, in: Asbjørn Eide (Hg.), The Universal Declaration of Human Rights: A Commentary, Oslo 1993[2], S. 57-72.

Symonides, Janusz, UNESCO and the Universal Declaration of Human Rights, in: Glen M. Johnson und Janusz Symonides, The Universal Declaration of Human Rights. A History of its Creation and Implementation. 1948-1998, Paris 1998, S. 77-109.

Symonides, Janusz, Volodin, Vladimir, Introduction, in: UNESCO and Human Rights. Standard Setting Instruments - Major Meetings - Publications, Paris 1999[2], S. V-XIII.

Szabo, Imre, Historical Foundations of Human Rights and Subsequent Developments, in: Philip Alston und Karel Vasak (Hrsg.), The International Dimension of Human Rights. Band 1, Paris 1982, S. 11-40.

Tomuschat, Christian, Die Vereinten Nationen und die Menschenrechte, in: Aus Politik und Zeitgeschichte B49/88 (2.12.1988), S. 14-24.

Unesco, Philosophie et Humanité dans le monde actuel, in: Le Moniteur de l'Unesco 1 (1947) 3, S. 3.

— Droits de l'Homme, in: Le Courrier de l'Unesco 1 (1948) 5, S. 2.

— Conceptions pratiques des Droits de l'Homme. Les conflits idéologiques n'empêchent pas l'action commune, affirme M Maritain, in: Le Courrier de l'Unesco 1 (1948) 8, S. 3.

— Les Droits de l'Homme, in: Le Courrier de l'Unesco 1 (1948) 8, S. 5.

— Qu'est-ce que la „Démocratie"?, in: Le Courrier de L'Unesco 2 (1949) 4, S. 11.

— Droits Universels. Siècles d'histoire exposé sous le patronage de l'Unesco, in: Le Courrier de l'Unesco 2 (1949) 9, S. 5.

Verdoodt, Albert, Naissance et signification de la Déclaration Universelle des Droits de l'Homme, Paris 1964.

Wells, Herbert George, War aims - the need for limited candor, in: The Times, 23. Oktober 1939.

Who's who in the United Nations and Related Agencies, New York 1975.

Yearbook of the United Nations 1946-1947, New York 1947.

Personen- und Sachregister

N

O

P

R

S

T

U

***ibidem*-Verlag**
Melchiorstr. 15
D-70439 Stuttgart

info@ibidem-verlag.de

www.ibidem-verlag.de
www.edition-noema.de
www.autorenbetreuung.de